AF247058

TABLE

ALPHABÉTIQUE, ANALYTIQUE ET RAISONNÉE

DE TOUS

LES AUTEURS SACRÉS ET PROFANES

QUI ONT ÉTÉ

DÉCOUVERTS ET ÉDITÉS RÉCEMMENT

Dans les 43 volumes

Publiés par S. E. le Cardinal Mai;

RÉDIGÉE PAR

M. BONNETTY,

Directeur des *Annales de philosophie chrétienne* et de *l'Université catholique.*

Prix : 3 francs.

PARIS,

Au bureau des Annales de Philosophie Chrétienne

ET DE L'UNIVERSITÉ CATHOLIQUE,

RUE DE BABYLONE, Nº 10.

1850

Paris.—Imprim. de MOQUET, rue de la Harpe, 90.

Tradition Catholique.

TABLE ALPHABÉTIQUE ET RAISONNÉE

DE TOUS LES AUTEURS SACRÉS ET PROFANES QUI ONT ÉTÉ DECOUVERTS ET ÉDITÉS RÉCEMMENT DANS LES 43 VOLUMES PUBLIÉS PAR S. E. LE CARDINAL MAI.

Nous avons toujours déploré l'incurie et l'indifférence des catholiques; assujettis à leurs vieilles méthodes d'instruction, endormis dans la jouissance de certains travaux louables exécutés dans d'autres temps et au milieu d'autres circonstances, ils ne font aucune attention aux richesses nouvelles que les découvertes humaines leur ont procurées depuis environ 50 ans. Quels sont les hommes catholiques qui connaissent un peu l'aspect nouveau que donnent à la polémique catholique les découvertes faites dans toutes les traditions orientales? A peine s'ils les connaissent par les déclamations incomplètes et passionnées de M. Quinet ou de M. Michelet. Voilà 30 ans que Mgr Mai a ressuscité une tradition des Pères de l'Église, où se trouvent des témoignages nouveaux et tout à fait confirmatifs de notre histoire ecclesiastique, de nos dogmes, de nos sacrements, de toute la hiérarchie catholique. Quel est, je ne dirai pas le laïque, mais le professeur de théologie, l'historien ecclésiastique, qui aient fait passer ces découvertes dans ses leçons ou dans ses livres? Non, on répète les vieilles leçons, que nous ne voulons pas condamner; mais nous voulons qu'on connaisse aussi les nouvelles preuves qu'il n'est pas juste de laisser ainsi dans l'oubli.

Pour nous, qui avons voué notre vie à rechercher et à mettre à la portée de nos frères les trésors enfouis dans ces mines nouvelles, nous allons essayer de contribuer à populariser ces grandes et belles découvertes de Mgr Mai. Déjà, dans les *Annales de philosophie chrétienne*, tomes IV, V et X (3e série), nous avons publié, en suivant l'ordre des volumes, le titre de tous les ouvrages nouveaux, en les accompagnant d'une analyse sommaire ou de courts extraits des passages qui pouvaient le plus intéresser notre foi. Nous allons ici, dans l'*Université Catholique*, publier la même analyse, mais sous une autre forme plus commode pour les recherches.

1° Nous allons donner la *Liste alphabétique de tous les auteurs*;
2° Nous rangerons ces mêmes auteurs par *ordre de siècles* afin que
chacun, suivant l'époque qu'il voudra étudier, trouve tout de suite
sous sa main ce qu'il lui importe de lire dans les publications nouvelles. Nous pensons que nos lecteurs liront avec intérêt cette précieuse nomenclature, en songeant que chacun des ouvrages qu'il
aura sous les yeux est *nouveau* et paraît pour la *première fois*.

EXPLICATION DES ABRÉVIATIONS.

C. A. — *Classici Auctores* ex codicibus Vaticanis, editi, etc., 10 vol. in-8°. Rome,
　　　1828-1838; à Paris, chez Didot. Prix : 140 fr.
S. V. — *Scriptorum Veterum*, nova collectio, e Vaticanis codicibus, edita, etc., 10 v.
　　　in-4°. Rome, 1825-1838; à Paris, chez Didot. Prix : 340.
S. R — *Spicilegium Romanum*, etc., 10 vol. in-8°. Rome, 1839-1840. Prix : 140 fr.
　Les chiffres romains qui suivent marquent les volumes, et les chiffres arabes les pages.—La pagination est divisée souvent en plusieurs parties, que nous n'avons pas jugé
à propos de désigner.

A

ABBON, auteur anglais du 10e siècle : *Quæstiones grammaticales* (C. A.
329-349).

ADRIEN VI, mort en 1523 : *Extrait d'une lettre* écrite d'Espagne,
au moment où il apprit son élection,
en 1522, et dans laquelle il déplore
les maux que l'Eglise reçoit de la part
des chrétiens eux-mêmes, et montre le
désir sincère qu'il a d'y remédier (S. R.
II. XXIII-XXIV).

ALBERIC, diacre, moine du mont
Cassin, et cardinal, mort en 1088 :
*Prologus ad vitam et obitum sanctæ
Scholasticæ virginis* (S. R. V. 129-
130). — *Homilia in natali sanctæ
Scholasticæ* (131-143). — On connaissait déjà plusieurs de ses écrits;
mais ceux-ci étaient inédits. Reste encore dans le même codex la *Vie de
sainte Scholastique*, que le cardinal
n'a pas cru devoir publier, parce qu'elle
n'est qu'une amplification du discours
sur le même sujet du pape Grégoire
dans ses *Dialogi*. L. II, c. 33 et 34.

ALBINUS, le scholaire; voir *Bonizo*.

ALCUIN, diacre anglais, mort en
804 : *Commentariorum in apocalypsin libri quinque* (S. V. IX. 257-338).
— On ne connaissait pas cet opuscule
d'Alcuin, qui cependant était annoncé
par quelques-uns des historiens ecclésiastiques. Ces explications sont toutes
morales et mystiques, faisant tout rapporter au Christ et à l'Eglise. Il parle
(p. 270, 279) d'une traduction de l'*A-
pocalypse* autre que celle de la Vulgate.

ALDHELMUS (SAINT), évêque de
Schirburn, mort en 709 : *De Basilicâ
ædificatâ à Bugge, filiâ regis Angliæ*,
déja imprimé, mais corrigé ici (C. A. V.
367). *De septenario et de re gramma-
ticâ ad Arcisium regem* (501-599); avec
index des auteurs cités (LIII-LIV).

ALEANDER (Jérôme), mort en
1542 : *Six lettres adressées à différents papes et personnes célèbres*
(S. R. II. 231-240). Aléander cardinal,
dit l'ancien, fut nonce du pape en divers pays, et principalement à la fameuse diète de Worms, en 1519, où
l'on discuta les affaires de Luther. Un
grand nombre d'autres ouvrages et
lettres de cet auteur, sont encore manuscrits au Vatican. Le savant cardinal
se propose de les publier bientôt, et
l'on ne peut que désirer ces nouveaux
renseignements sur l'histoire des com-
mencements du protestantisme.

ALGERUS le scholastique : *De sa-
crificio missæ* (S. V. IX. 371-374).—
Algerus, diacre et scholastique de Liége,
moine de Cluni, mourut en 1151. Cet
opuscule, où se trouvent de nouveaux
témoignages en faveur de la présence
réelle, a été tiré de la *Bibliothèque
royale de Paris* (Manusc. latins, n° 812).

ALEXANDRE, mort en 323 avant J.-C. : *Itinerarium Alexandri*, extrait d'un manuscrit de la bibliothèque ambroisienne, déjà en partie édité par Muratori (*Ant. ital. Diss* 44) ; et publié ici en entier et avec de nombreuses et savantes notes. L'auteur anonyme vivait sous Constance, au milieu du 4ᵉ siècle. Il y a quelques faits nouveaux et intéressants ; avec une *carte* géographique (C. A. VII. 1-55). —*Index* des principales matières de cet itinéraire (56-58).Voir *Julius Valérius*.

ALEXANDRE, archevêque d'Alexandrie au 4ᵉ siècle : deux extraits *sur le verbe* (S. R. III. 699-700) ; il assista au concile de Nicée, en 325.

AMBROISE (S.), archevêque de Milan, mort en 397 : *Explanatio symboli ad initiandos*; — 2 *Epistola de fide ad S. Hieronymum* (S. V. VII. 156-161). — 3. fragments d'un livre qui lui était attribué : Le *Physiologus* (C. A. VII. 589-596).

AMMONIUS, auteur du 5ᵉ siècle : *Commentaire sur Daniel ;* en grec (S. V. I. 28).

ANASTASE, le synaïte ou le prêtre, patriarche d'Antioche, mort en 599:1.*Sur cette parole: Dieu créa l'homme à son image ;* en grec (S. V. IX. 619-622). — 2. Extrait d'un opuscule sur l'*immunité ecclésiastique;* grec et latin (S. R. VII. XXIII-XXIV). —3. *Doctrine des pères sur l'incarnation du Verbe*, recueillie par le prêtre Anastase; en grec (S. V. VII. 1-73). Avec *fac simile* ressemblant au copte. — Cet opuscule est très-curieux par le grand nombre de citations d'ouvrages inédits des pères. Le cardinal n'a inséré que les parties qui étaient inédites.

ANASTASE (abbé) : *Cinq Disputes contre les juifs ;* en grec (S. V. VII. 207-244). — Canisius les avait déjà publiées en grande partie, traduites en latin dans ses *Ant. Lect.*, t. II, part. III, p. 12.

ANASTASE, le bibliothécaire, mort vers 886 : — 1. *Fragments* des Livres III et IV de l'ouvrage *contre les monophysites et les monothélites;* en grec (S. V. VII. 192-206). Les deux premiers Livres avaient été imprimés dans les *Philocalia d'Origène,* Paris, 1624;

on y voit un grand nombre de citations d'auteurs orthodoxes et hérétiques —2. *Prologus mutilus in versionem passionis sanctorum Cyri et Johannis,* de Sophronius ; voir ce nom (S. R. IV, 227-230). — 3. *Traduction latine de l'histoire grecque,* donnée ci-dessus des saints Cyrus et Jean (253-262). — *Traduction latine de trois petits discours de saint Cyrille* (263-266).

ANDREOLA : *Epitaphe latine d'Andréola,* mère de Nicolas V, en 1447, découverte à Spolète (S. R. IX. xx).

ANDOCYDE, orateur athénien au 5ᵉ siècle av. J.-C. Voir *Jean Philoponus.*

ANONYMES : 1. *Carmina antiqua.—* 2. *De Amphytrione et Alcmená poema* (C. A. V. 478). — 3. *Fragmentum antiquum contra hariolos,* avec écriture (S. V. III. 29). —4. *Sermones dominicales quatuor* (S. V. III. 135-144). — On ne connaît pas l'auteur de ces discours qui, écrits au 12ᵉ siècle, citent saint Grégoire, pape. Il y est question du stade et des athlètes des anciens, de l'impudicité des théâtres païens, de l'abstinence chrétienne du mariage; que l'Eglise s'est approprié quelques rits du paganisme ; que la nuit d'avant la septuagésime on ce-sait de chanter l'*alleluia;* que l'office était très-long le dimanche des Rameaux; que le jeune du carême se célébrait selon le rit romain, et non selon l'ambroisien; que la veille du jour des Rameaux le pape saint Grégoire avait coutume de se livrer à des exercices de charité ; c'est pourquoi le samedi n'avait point de station publique, *quando Dominus Papa eleemosynam dabat.—*5.*Anciens discours chrétiens* (S. V. III. 240-247). — 6. Moine anonyme : *In librum Ecclesiastem commentarius*(S.R. IX. 105-108). Mabillon et Lelong avaient déjà parlé de ce commentaire adressé à Arnulfe, abbé de Troarn, dans le diocèse de Bayeux, en 1089. Le cardinal n'en publie ici que l'épître dédicatoire et le commencement du premier livre. — 7. Anonymes. *Ecrits en faveur de la procession du Saint-Esprit* (S. R. VI. XXVII - XXXI). Outre plusieurs codex de l'ouvrage du patriarche Jean Veccius qu'Allatius a publié dans le 2ᵉ vol. de sa *Græcia orthodoxa,* il existe en manuscrit un autre ouvrage intitulé :

Collection de sentences ou d'autorités qui prouvent la vérité du dogme des Italiens. Le cardinal donne ici les titres de neuf chapitres qui sont consacrés à prouver la procession du Saint-Esprit du Père et du Fils ; le tout établi sur l'autorité non-seulement des Pères grecs, mais encore des Pères latins, et en particulier de saint Augustin, que l'auteur nous apprend avoir été approuvé spécialement sous le synode grec tenu sous Manuel Comnène.—8. *Ecrits en faveur de la primauté de l'Eglise romaine* XXXI-XXXII). Témoignages extraits de la même collection que les précédents, et dont le cardinal cite ici le titre.—9. *Autres fragments inédits* (XXXII-XXXVI). —10. *Anciennes scholies sur l'Evangile de saint Mathieu et de saint Marc.* On ne connaît pas l'auteur de ces *scholies* prises dans un codex palatin du 10e siècle ; ce sont de petits commentaires ou questions sur les mots difficiles de chaque verset. Il serait à désirer qu'elles fussent traduites en latin (C. A. VI. 379-500). Suite de ces scholies (IX. 471-512).—11. *Expositio fidei* (S. V. VII, 161.-162. — 12. *Tractatus utrum animæ de humanis corporibus exeuntes mox deducantur ad gloriam vel ad pænam, an expectent diem judicii sine gloriâ et pænâ* (264 - 270). C'est un traité contre les Grecs et dont le but est de prouver que la récompense est accordée de suite après la mort. — 13. *De Spiritûs sancti processione à Patre Filiòque opuscula duo* (245-255). Ces deux opuscules sont anonymes ; mais il est probable que c'est l'ouvrage de deux évêques gaulois, en réponse à la lettre que leur écrivit le pape Nicolas Ier, vers 860, pour les engager à réfuter l'erreur des Grecs, et dont parle Hincmar dans sa 51e *Epitre,* t. II, p. 809, édit. de Sirmond. — 14. *Orationis dominicæ explanatio* (S. V. IX. 377-384). — 15. *Symboli apostolici explanatio* (384-395). — 16. *Symboli athanasiani explanatio* (396-409). On ne connait pas les auteurs de ces trois opuscules, tirés d'un codex du 11e siècle.—17. *Recueil d'atticismes* (C. A. IV. 523 - 5!8). —18. *Hibernici exulis versus ad Karolum imperatorem* (C. A. V. 370). — 19. *Hispérica famina, latinitatis inusitatæ et arcanæ opusculum* (C. A. V. 479-500).

ANSELME, (S.) archevêque de Cantorbéry , mort en 1109. *Canonicæ collectionis in libris XIII distributæ capitula* (S. R. VI. 316-394). Avec la liste des auteurs et des ouvrages cités dans ces canons. L'ouvrage de saint Anselme, ami de Grégoire VII, et exécuté probablement à sa prière, est un des plus complets et des plus importants qui existent sur le droit canonique ; plusieurs savants, et récemment le D. Theiner, ont manifesté le désir de le voir enfin publié d'après les belles copies qui existent au Vatican. Mais la difficulté et la grandeur d'une pareille publication ont effrayé les Wading, les Dachery, les Rota, les Monsacré, et en ce moment le célèbre cardinal lui-même, qui se borne à donner le sommaire de presque tous les chapitres, remettant à un autre tems le soin de préparer une édition qu'il voudrait soigner comme celle du Décret de Gratien.

ANTONIN le pieux mort en 161 ; voir *Fronton.*

APOLLINAIRE , évêque de Laodicée, devenu hérétique et condamné à Rome en 375 : *Commentaire sur Daniel* (S. V. I. 28). Fragment des *commm. sur saint Luc* (C. A. X. 495-499). Voir *Procope.*

13. **APPIEN,** historien du 2e siècle : *trois fragments historiques* tirés des livres perdus de *l'histoire des Gaules,* de la *Numidie* et de la *Macédoine,* (S. V. II. 367-368). Voir *Fronton.*

APPONIUS. *In Canticum canticorum explanatio* ; en latin (S. R. VI. 1-85). Apponius avait été placé par Bellarmin parmi les écrivains du 9e siècle : le père Labbe lui prouva qu'il fallait le reporter au 7e. Mais le cardinal prouve ici, par de bonnes raisons, qu'Apponius vivait au moins au milieu du 6e siècle, et qu'il fut contemporain du pape Vigile et de Justinien I ; il est probable qu'Apponius était italien. Son explication formait 12 livres ; les 6 premiers n'avaient été publiés que sur des copies très-fautives, dans le t. XIV de la *Biblioth. de Lyon.* Le cardinal publie ici les I. VII, VIII et une partie du IXe ; les autres restent inédits dans la bibliothèque sessorienne de Rome, et il se propose de les publier quand il en aura le tems. Cet écrit d'Apponius est précieux en ce qu'on y trouve la tradition d'un grand nombre de points de dogme ou de discipline ecclésiastique. Louanges des martyrs et des apôtres (p. 13); connaissance de l'histoire ecclésiastique (p. 17); témoignage admirable sur la puissance des clefs, c'est-à-dire sur le droit de lier et de délier dans l'église, précieux à cause de son antiquité (p. 54); on y reconnaît facilement un homme qui écrit lorsque naguère l'idolâtrie avait été abattue, et où il fallait montrer un grand zèle contre les hérétiques (38, 46, 56, 57).

APULEIUS, (Cœcilius Minutianus) du ..... siècle : III *Librorum de orthographiâ fragmenta,* où il est fait mention de 113 auteurs ou ouvrages perdus; malheureusement les textes de ces auteurs ne sont pas cités. (S. V. I. 75-).

ARCHEUS, qui, après les disciples du Seigneur, fut évêque de Lepta en Afrique, au 2e ou 3e siècle. *Fragments sur la Pâque* (S. R. III. 707).

ARCHIMEDE, mort en 212 av. J. C. Fragment *des corps nageant sur l'eau,* ou *sur l'équilibre des corps plongés dans un liquide,* dont on n'avait qu'une traduction latine, rhabillée à la grecque par David Rivalt dans l'édition de Morel, et dont on retrouve ici le grec original. (C. A. I. 426-430).

ARIENS, au 4e siècle. — 1. *In Lucœ Evangel. reliquiæ tractatus antiquissimi.* (S. V. III. 191-207). — 2. *Sermonum arianorum fragmenta antiquissima.* (208-238). Ces deux ouvrages, écrits en latin, sont accompagnés de la réfutation des doctrines ariennes dans de savantes notes, avec un *prologue* de Mgr Mai, et une écriture du codex.

ARISTIDE, vers 483 ans av. J. C. *Oratio adversus Demosthenem de immunitate* (grec et latin), et de plus un fragment du même (C. A. IV. 448-522).

ARISTOCLES, probablement le philosophe, du 2e siècle; voir *Jean Philopônus.*

ARMÉNIENS. *Notice* de l'éditeur, *sur différents traités religieux des Grecs contre les Arméniens.* (S. R. X. 440-448). — Le cardinal y expose sommairement les principaux efforts tentés par les patriarches grecs pour opérer leur réunion avec les Arméniens; il donne en particulier des extraits d'une lettre de Germain II, patriarche en 1240, à Constantin, patriarche des Arméniens, et de la réponse de ce dernier; le même auquel Grégoire IX envoya le pallium en 1239; puis une seconde lettre du clergé de Constantinople au même; enfin une troisième lettre du patriarche Manuel II, de l'an 1248 : mais tous ces efforts ne furent pas couronnés de succès. Il résulte pourtant de toutes ces pièces que le fond de l'hérésie des Arméniens consiste en ce qu'ils ne veulent pas admettre deux natures en Jésus-Christ, ni recevoir le concile de Calcédoine, et la lettre de saint Léon, pape, qui ont défini cette question. — 2. *Canons* d'un synode tenu en 481 (290-291). — 3. *Canones Ecclesiæ Armeniorum.* (S. V. X.) Il n'existait aucune collection des canons de l'Eglise d'Arménie; celui que le cardinal publie ici fut composé en 1634 par un Arménien nommé *Caciadurus;* l'éditeur a choisi seulement les canons les plus anciens, qui vont du 4e au 8e siècle. Il ne s'agit nullement du dogme, mais seulement des mœurs et de la discipline.

ARNOBE le Jeune, vers 460; voir *S. Cyrille,* n° 13.

ARSENE, moine, vivant sous Théodose, vers 395. Fragment *contre le tentateur de la loi* (en grec), (C. A. X. 553-557).

ASCLEPIODOTUS, ancien tacticien, probablement préfet du prétoire, en 296. *Deux chapitres sur l'art militaire;* en grec. (S. R. IV. 578-581). *Sentences militaires* en grec. (582-584).

ASSEMANI (*Joseph*). *Liste de tous ses ouvrages* manuscrits ou inédits ou perdus; on sait qu'ils furent en partie détruits par un incendie. (S. V. III).

ASSEMANI *Joseph-Simon,* mort en 1768. Sur la *nation des Coptes* et sur la validité du sacrement de l'Ordre chez eux. (S. V. V. 171-237). — 2. *Fragment du même* sur les différentes nations chrétiennes de l'Orient. (238-254). — 3. *Fragment* historique sur les conversions des *Nestoriens* et des *Chaldéens* (252-253). — 4. *Fragment historique* (en italien) sur les populations chrétiennes du patriarchat d'Antioche. (S. V. IV. 714-716). — 5. Autre *fragment* du même sur les livres hérétiques des orientaux et leur réfutation (717-718).

ATHANASE (S.), mort en 393. Sa *Lettre* aux évêques d'Égypte et de Syrie, donnée tronquée dans l'édition de Venise, t. II. 23. (S. R. VI. xxxii). — *Comment. sur Daniel.* (S. V. I. 29) voir *Eutychius.*

ATHANASE, archevêque de Corinthe, vivant vers la fin du 10e siècle. *Fragment d'un comment. sur S. Luc.* (C. A. X. 499-500).

ATTON *le Vieux*, évêque de Verceil. *Testament* fait en 946, en présence de nombreux évêques, réunis pour un concile à Milan. (S. V. VI. 3-10). Ce testament qui nous fait bien connaître certaines coutumes de l'époque, avait été révoqué en doute par Muratori; mais il est défendu avec bonheur par le cardinal dans sa *préface.*

ATTON *le Jeune*, évêque de Verceil. mort vers 960. *Dix-huit sermons* (S. V. VI. 11-41). *Polyplicum seu perpendiculum cum antiquis Glossis et Scholiis.* (43-59).C'est une satyre contre l'ambition et les mœurs des princes, écrite dans ce latin inusité et mystique dont se servaient les savants de ce siècle pour ne pas être compris des ignorants ; et en effet, on ne saurait comprendre cet opuscule sans les Gloses et les Scholies qui y sont jointes.

ATTON, cardinal en ..... : *Capitulare, seu Breviarium canonum* (S.V. VI. 60-100). — Cet abrégé comprend depuis la première épître de saint Clément, pape, jusqu'à saint Grégoire-le-Grand.

De Attonibus, de Capitularibus, de Pœnitentiali Romano diatribæ. (S. V. VI. 129-192). Ce sont trois curieuses dissertations qui sont dues à un auteur qui n'est désigné que par ces mots : *Auteur inédit du 18e siècle.*

AUDOUIN ou **ÉLOI**, mort vers 663. *Discours à Clovis* II. (S. VI. iii-viii).

AUGUSTIN (saint), mort en 431. 1. *Sermones quatuor* : (S.R.VIII.713-725). Ces quatre discours sont bien du grand docteur de l'Église, et ne sont qu'un échantillon d'un grand nombre d'autres de différents Pères, que l'infatigable éditeur a trouvés dans des traductions grecques, arabes, syriaques, et qu'il publiera bientôt.—2. *Contre les Ariens* (probable) (S. V. III. 249-251). — 3. *Præcepta artis musicæ collecta ex libris sex S. Augustini de musicâ.* (116-135). Cet abrégé offre quelques variantes à l'ouvrage entier de saint Augustin, et est par conséquent bon à consulter par les nouveaux éditeurs. — 4. *In epigrammata S. Prosperi ex sententiis Augustini* (C. A. V. 368).

B

BASILE (S.), mort en 378. *Comm. sur Daniel* (S. V. I. 29).

BASILE, l'empereur, mort en 886. *Second discours à son fils Léon, empereur;* grec-latin (S. V. II. 679-681).

BATTIFOLLE, mort en 1440 : *Lamento di Fran. Da. Battifolle, conte di Poppi*, par un anonyme, avec une réponse au nom des Florentins (S. R. VIII. xxvii-xxxii). Il s'agit du désastre de ce Guido de Battifolle, un de ces petits rois de Papium que les Florentins chassèrent de son trône en 1440.

BEMBO (Pierre), mort en 1547 : *Sarca, poema heroicum* (S. R. VIII., 488-504). — C'est un de ces poèmes où les littérateurs de cette époque imitaient avec une trop funeste exactitude non seulement la diction, mais les inventions et les fables païennes. Il s'agit d'un mariage du fleuve *Sarca* avec la ville de *Garda*, où tous les dieux assistent , et où est prédite la naissance de Virgile, de Pontanus et de Sannazar, etc.; *nugæ nugarum.*

BENOIT, prêtre auteur du .... siècle : *Prologus ad Acta sanctarum virginum Dignæ et Meritæ.— Ad passionem sanctæ Fortunatæ virginis et martyris* (S. R.IV. 288-290).

BENOIT (Rispus), archev. de Milan, mort en 725; *Poematicum medicum, in diaconatu suo conscriptus.—Epitaphium Ceadual regis Anglo-Saxonum* (C. A. V. 369).

BERNARDIN Baldo, mort en 1617: *Breve trattato dell' istoria* (S. R. I. xxviii-xliv). — C'est un commentaire sur la manière d'écrire l'histoire. Baldus était déjà connu par ses *vies* fort bien faites de quelques princes d'Italie. — *Esame di alcuni luoghi del Guicciardini che risguardano Fr. Maria I, duca d'Urbino* (XL-XLIV).

BERNARDUS Guidonis, mort en 1331 : *Catalogus pontificum romanorum cum insertâ temporum historiâ* (S. R. VI. 1-312). Avec *indices* des auteurs cités et des pontifes. — Parmi le grand nombre d'écrits inédits que renferme la B. Vaticane sur les souverains pontifes, le savant cardinal a choisi leurs vies écrites par Bernardus Guidonis. — Les vies des souverains-pontifes jusqu'à Etienne V se trouvaient dans le *Liber pontificalis* d'Anastase; Muratori nous avait donné les autres dans son tome III, partie 1 et 2, de ses *Rerum italic. script.*, jusqu'à Sixte IV, d'après quelques auteurs, parmi lesquels on distingue Bernardus Guidonis; mais Muratori n'avait suivi cet auteur qu'à partir de Victor III, successeur de Grégoire VII. Le cardinal a donné ces vies depuis saint Pierre jusqu'à Grégoire VII. — Bernard, dit Guidonis, natif de Limoges, dominicain, fut d'abord évêque de Tuy en Espagne, puis de Lodève en France, en 1324, et mourut en 1331, à l'âge de 70 ans. Le P. Quétif dans ses *Script. ord. præd. t. I.* p 577-580, donne le détail de ses nombreux écrits. Les vies publiées ici, composées vers 1320, étaient plus détaillées, mais il paraît qu'il en fit lui-même un abrégé en rejetant ce qui était moins authentique; et c'est cet abrégé que donne ici le savant cardinal. — Quoique Bernard se montre en général juste et bienveillant envers l'Eglise romaine, cependant le cardinal a eu besoin de noter certains passages où les documents vrais avaient manqué à l'auteur; entre autres choses, il a rejeté divers pontifes imaginaires : 1. *Cyriaque*, qui avait été pris dans la *Légende de sainte Ursule et ses compagnes*; 2. Marcus; 3. Basile, emprunté à Vincent de Bauvais; 4. Sylvestre III; 5. Les antipapes, qui étaient placés dans la série des papes. — Dans le cours de ces vies, le cardinal a fait ressortir par des notes : 1° Preuves d'une dispute de Sylvestre Ier avec un juif nommé Noé, à la suite de laquelle Hélène, la mère de l'empereur Constantin, se convertit, avec un grand nombre de juifs

(p. 51). — 2° Que ce fut un prêtre catholique et non un arien qui baptisa Constantin II, au moment de sa mort (p. 55). — 3° Quelques nouveaux documents sur Liberius (p. 59). — Notre auteur donnait ici, p. 203, la fable de la papesse Jeanne d'après la chronique interpolée de l'évêque Martinus Polonus, sans y ajouter aucune circonstance. Le cardinal a bien fait de ne pas transcrire de nouveau cette fable; mais nous citerons, d'après lui les principaux auteurs qui s'en sont occupés : 1° Panvinus, *in adnotationibus ad Platinam.* — 2. Baronius; — 3. Natalis Alexander dans leurs *Histoires ecclés.* — 4. Léon Allatius, dans une *Dissert.* spéciale, tirée des auteurs grecs, insérée dans ses *symmicta*, imprimés dans le 23e vol. de *la Bysantine de Venise*, en 1733. p. 82. — 5. Launoy, dans ses *Epist.* 8, l. IV. — 6. Carolus Blascus, dans sa *VIIIe Dissert.*, dernier ch., éditée par Gallandus, etc. (p. 203). — Labbe, à la suite de son tome I, p. 835, de ses *Scriptores ecclesiastici.*

BIBLE. ANCIEN-TESTAMENT : 1. *Deux fragments* latins, qui paraissent tirés *de quelques livres apocryphes de l'Ancien-Testament* (S. V. III 238-239). Il y est question d'un voyage dans les cieux. — 2. *Le Testament* de Job; en grec (S. V. VI. 180-191). — Cet écrit est apocryphe, mais d'une très-haute antiquité, puisqu'il est cité dans le décret du pape Gélase, et dans le recueil des *conciles* de Mansi, t. VIII, col. 169. On voit aussi que l'auteur est un chrétien. — NOUVEAU-TESTAMENT. Fragments de *l'ancienne version latine* des livres saints, dite *Itala vetus* (S. R. IX; I-VIII. 1-88), avec *index* paléographique — On sait que cette version est celle dont se servait l'église latine avant la traduction de saint Jérôme, dite pour cela *version nouvelle*. On n'a conservé que des fragments de l'antique. Ceux qu'en publie ici le docte cardinal sont tirés d'un *Speculum* ou *Miroir moral* d'un auteur inconnu, mais que quelques-uns ont attribué à saint Augustin. Quoi qu'il en soit, le manuscrit est toujours du 6e ou du 7e siècle; on y trouve le fameux passage de saint Jean, sur les trois Personnes divines (p. 71). — 2. *Evangelium secundum Matthæum versionis antehieronymianæ* (S. V. III. 257-288). Avec *fac-simile.* Cette version latine est extraite d'un manuscrit du 7e siècle, dont les variantes avaient été déjà relevées par Sabatier (*Monita in quatuor Evangelia*), mais qui n'avait pas encore été publiée. — 3. *Epître apocryphe de saint Paul aux Laodicéens* (S. R. IX. 74-75). Cette édition est beaucoup plus complète que celle qui a été publiée par Fabricius dans son *Codex apocryphus novi Testamenti*, t. II, p. 853.—4. Edition du *Nouveau-Testament* avec les variantes de tous les manuscrits qui se trouvent dans les bibliothèques de Rome et du reste de l'Italie, et avec de nombreuses notes remplies de recherches philologiques. Le texte que le cardinal Mai a pris pour base de son édition est celui du célèbre manuscrit n° 1209, de la bibliothèque du Vatican, qui remonte au 6e siècle. Sur la proposition de Son Eminence, le souverain Pontife a résolu de faire publier à ses frais un *fac-simile* de ce manuscrit, qui est en lettres onciales dorées et d'une écriture continue (*scriptio continua*), c'est-à-dire que les mots ne sont pas séparés par des espaces. C'est le célèbre graveur, M. Ruspi ; qui a été chargé de graver sur cuivre ce *fac-simile*, dont des exemplaires seront adressés par le Saint-Siége à tous les souverains de la chrétienté. Voir *Alcuin*.

BIBLIOTHEQUES. Il existe, dans la bibliothèque vaticane, de nombreux catalogues des différentes bibliothèques qui, successivement, y ont été réunies. Parmi ces catalogues, les plus précieux sont ceux qui, faits avant l'invention de l'imprimerie, indiquent les ouvrages qui existaient encore manuscrits dans ces bibliothèques, et qui, ou ont été perdus, ou sont encore inédits. Le savant cardinal en publie ici quelques-uns en indiquant dans sa *Préface* (S.R.V. p. XI,) les ouvrages qu'il croit inédits, afin que les savants les recherchent; nous donnons aussi cette liste. Voir *Cassin*, *Cassel*, *Corbie*, *Fulde*, *Lorsh*, *Nazaire*, *Nonantula*, *Rebais*, *Vatican*.

BOECE, mort en 525 : 1. *Communis Speculatio de Rhetoricæ cognitione.* — 2. locorum *Rhetoricorum Distinctio*. — 3. in *Boethium de consolatione philosophiæ*, lib. III, met. IX *Commentarius* (C. A. III. 315-345).

BONIFACE, archevêque du Mayence et martyr, l'an 1255 : *Ars domni Bonifacii archiep.* (*Moguntini*) *et martyris*. Cet opuscule est grammatical, il relate surtout Charisius et les autres grammairiens (C. A. VII, 475-548).

BONIZO SUTRINUS, au 11e siècle : Fragment de son *Historia pontificia* (S. R. VI. 273-281). Bonizon, d'abord évêque de Sutri, puis de Plaisance, périt victime de son amour pour la réforme et de son amitié pour Grégoire VII, dans ces religieux combats que le saint pontife livra contre les schismatiques et les simoniaques. Il avait composé une *Collectio canonica* qui est encore inédite ; le cardinal n'en publie qu'un extrait de la vie des souverains pontifes, qui se trouve en tête de son IVe livre, et encore il ne le commence qu'à Anastase, successeur de Siricius. — Bien plus, à partir d'Adrien Ier, il prend le texte de Bonizon, dans les écrits inédits d'Albinus le Scholaire, lequel l'avait tiré d'un ouvrage inconnu de *Bonizon: De vitâ christianâ*.

BOURGUIGNON. Voir *Droit civil*.

BRESLAU : *Episcopii Uratislaviensis supplementum* (S. R. X. 384-392). Ce supplément des évêques de Breslaw en Silésie contient la vie de six évêques, depuis l'an 1562 jusqu'à l'année 1608; du 38e au 43e évêque.

C

CACIADURUS ; au 17e siècle. Voir *Arméniens*.

CANABUTIUS, au 15e siècle : *Extrait d'un Commentaire grec sur Denys d'Halicarnasse*, offrant de curieux détails sur les mystères des Samothraces et sur la vie de Denys ; en grec seulement (S. V. II, XVIII-XXIII de la préface). — Canabutius était catholique, et rend un éclatant témoignage à la primauté de l'Eglise romaine.

CANONS : Sous ce titre nous croyons devoir ranger ici les diverses publications nouvelles des anciens canons de discipline ecclésiastique. — 1. *Canonum priscæ collectionis in IX libros dis-*

tribulæ capitula. — Avec les auteurs et les livres cités (S. R. VI. 397-474). Cette collection tirée d'un codex du 10ᵉ siècle est plus ancienne que celle de saint Anselme, et le titre des chapitres, qu'on en donne ici, fait vivement désirer qu'on l'imprime un jour. — 2. *Epistola canonica quam debent adimplere presbyteri, diaconi, seu subdiaconi* (S. V. VI. 101-102). — C'est une règle de conduite, tirée d'un manuscrit du 10ᵉ siècle, à l'usage du clergé ; on y voit en particulier que tout prêtre, diacre ou sous-diacre, qui ne connaissait pas de *mémoire* la foi catholique, devait être privé de l'usage du vin pendant quarante jours. — 3. Il existe encore dans les manuscrits arabes du Vatican un recueil de *Canons de l'église copte* d'Alexandrie, composé en Arabe par le prêtre Macarius, et qui attend un traducteur et un éditeur. — 4. *Collectio canonum synodicorum* (S. V. X. 23-168). — Cette collection est divisée en cinq traités sous les titres suivants : 1. des règles générales de la foi ; 2. du mariage ; 3. des héritages ; 4. des juges entre les fidèles ; 5. des préceptes canoniques communs ; 5. des prêtres, des diacres et des ordres mineurs, du chorévêque et de l'archidiacre ; 7. des moines ; 8. des évêques et des métropolites ; 9. du patriarche ; 10. quelques canons sur les compositeurs de livres et l'observance des canons. — Le même ouvrage, *en syriaque* (169-331). — 5. *Canons des églises chaldéenne, syrienne et arménienne* ; cette publication est un grand service rendu à l'Eglise. — Pour les nestoriens on publie les recueils composés par *Ebediesu*, métropolite de Soba, ou *Nisibe*, et de l'Armenie vers le commencement du 14ᵉ siècle, et approuvés par leurs patriarches en 1318 ; ces canons avaient été traduits, il y a plus de cent ans, par Aloysius Assemani, et étaient restés manuscrits dans la bibliothèque du Vatican. Il a joint aussi le texte syriaque qu'Assemani n'avait pu trouver et croyait perdu. Voici quels sont les traités qui composent le recueil d'Ebediesu. — 6. *Canones xxv apostolice ob ecclesiæ ordinationem* (S. V. X. 3-5). — 7. *Prima christianæ doctrinæ diffusio* (5-7). — 8. *Description des pays qui reçurent la prédication des apôtres* (7-8). — 9. *Canons des*

apôtres, au nombre de 85, édités par saint Clément (8-17). — 10. *Vingt autres canons des apôtres publiés par le même saint Clément* (17-22). — *Préface* d'Ebediesu (23-25).

CAPACIUS Cæsar, mort en 1631 : *Vitæ proregum regni et urbis Neapolis* (S. R. VIII. 609-652). — Capacius était précepteur du dernier duc d'Urbin, Fr. Marie II de la Rovère. Les vies qu'il décrit sont celles du grand *Gonzalve de Cordoue*, de *Raymond de Cardona* et de *Petrus Gironus*, sous lequel eut lieu, à Naples, une émeute pour le blé. Dix autres vies sont encore manuscrites.

CARPUS, vivant au ... siècle : *Fragment* (C. A. IX. 430).

CASSEL (bibliothèque de), au 11ᵉ siècle : *Catalogues des monastères de Wallerbach, Cassel, Veissenu, Reichembach, Michelfeld, Spainshart et Waldsassen, dans le Palatinat du Rhin* (S. R. V. 215-218). Dans ces bibliothèques, le cardinal fait remarquer qu'il y avait encore : 1. *Epistolæ diversorum regum.* — 2. Sabellii, *Gesta Romanorum.* — 3. Fenestella, *De magistratibus Romanorum.* — Hildemarus, *De quatuor generationibus hominum, cum expositione super canonem et explicationibus quæstionum aliquot.* — 5. Rodulphus, *Super Leviticum.* — 6. Othonis, *De sacramento altaris.* 7. Bernhardus Casinensis, *Super regulam sancti Benedicti.* — 8. Pomerii, *Sermones de sanctis.* — 9. Peregrinus, *De sanctis.* — 10. Bernhardus, *De planctu santæ Mariæ.* — 11. Orosius, *Super cantica.* — 12. Smaragdus, *De virtutibus.* — 13. Simpliciani, *De sanctis partes* iii. C'est ce Simplicien qui fut dans doute le père de saint Zenobius, évêque de Florence, et non l'auteur Simplicius de Milan, ce qui paraissait incroyable à Mabillon, *Itiner. ital.*, p. 166. — 14. *Epistolæ diversorum regum.* — 15. Heribertus, *Super septem psalmos pænitentiales*, dont le cardinal a édité quelques opuscules sur les psaumes sous le nom d'Erembert. — 16. *Biblia latina veteris versionis ;* d'un très-grand prix. — 17. Paschasii, *Enarrationes in lamentationes Hieremiæ.*

CASSIN (Mont). *Liste des auteurs inédits qui se trouvent dans la biblio-*

thèque du *Mont-Cassin*. (S. V. III.) Il existe encore au Mont-Cassin 700 manuscrits presque tous latins ; mais il y a un bien plus grand nombre de diplomes, c'est-à-dire près de 30,000, rangés avec ordre, et dont le savant P. Kalefato prépare la publication. On y trouve en particulier 400 bulles des souverains pontifes inédites, depuis Zacharie 1 jusqu'à nos temps. Parmi les manuscrits cités par le savant cardinal, on remarque un *præceptum* ou *donation* de Charlemagne, qui confirme au pape Adrien la possession d'un assez grand nombre de villes ; et de plus un *codex de Virgile*, qui complète de cette manière le vers qui manque dans toutes les éditions, au liv. II, 66 :

Disce omnes *quam sint animis verbisque dolosi.*

Il n'y a plus qu'un petit nombre de manuscrits au couvent de *la Cava*, près Salerne, parmi lesquels le plus précieux est une *copie de tous les livres de l'ancien et du nouveau Testament*, du 7e siècle. Le nombre des diplomes va jusqu'à plus de 40,000. Quelle mine pour les historiens ! — 2. *Catalogus codicum Casinensium.* (S. R. V. 221-224). C'est un très-court extrait de ce grand catalogue au 11e siècle. Parmi les livres cités , le cardinal signale comme non imprimés, parmi les *auteurs profanes* : 1. Arichis principis *versus.* — 2. *Chronica varia.* — 3. *De medicinâ* codices multi. — 4. Cresconii, *de Bellis Libycis,* édité déjà il y a peu d'années à Milan, mais d'après un codex très-fautif, celui-ci, meilleur sans doute, existe peut-être encore au Mont-Cassin. — 5. *De omnibus artibus quæ in terrâ fiunt.* — 6. Auxilii, *Liber vocabulorum.* — 7. Brutouis, *de Vocabulis.* — Hildrici casinensis *Liber Grammaticalis.* — 9. *Epistolarum moralium liber incipiens :* Durissima Cassiodori monachi, etc. — 10. Martialis (*probablement* Gargilii) *Geometria.* — 11. Sancti Hilarii *liber de Mysteriis.* — 12. Ejusdem, *Super Epistolis canonicis.* — 13. Sancti Ambrosii, *Versus de Trinitate et de sanctæ Mariæ virginitate.* — 14. Vigilius, *de Laude virginum.* — 15. Isidori, *de Incarnatione.* — 16. Ildefonsi, *In Apocalypsin.* — 17. Evagrii, *Altercatio Ecclesiæ et synagogæ.* — 18. Auxilii presbyteri , *Quæstiones.* —

19. Adelmi, *liber in versibus de Laudibus sanctorum.* — 20. *Vita duodecim fratrum in versibus.* — 21. *Psalterium in versibus.* — 22. *Cantici Canticorum expositiones* VIII. — *Liber de verâ amicitiâ et charitate.* — 24. *Vita S. Brigittæ in versibus.* — *In Regulam S. Benedicti expositiones* Richardi, Pauli diaconi, Smaragdi, Bernhardi, Petri diaconi. — 25. Petri casinensis, diaconi ostiensis, *opuscula varia.* — 26. *Liber de Patarenis.* — 27. Guarferii casinensis *Homiliæ* — 28. *Liber de primatu romanæ Ecclesiæ.* — 29. Gualterii, *Liber de Gradibus ecclesiasticis.* — 30. Guilielmi, *de iisdem,* — Rofridi casinensis, *Liber.* — 32 Rufini, *Expositio in Epistolas Pauli.* — 33. Claudii episcopi, *in easdem.* — 34. Remigius *in easdem.* — 35. Ejusdem, *super Psalterium.* — 36. Petri Damiani, sive Ostiensis. *Dictionarium.* — 37. Berengarii, *In Cantica Canticorum.* — 38. S. Hieronymi, *In Apocalipsin ad Anatolium.* Item ejusdem *In quatuor Evangelia.* — 39. Item. *In Pauli Epistolas expositiones multæ.* — 40. Philemonis grammatici, *de proprietate sermonis.* Il s'agit probablement de *Palémon,* qui est publié. — 41. Pauli diaconi *Commentarius in Pauli Epistolas.* — 42. Johannes presbyter, *De Musicâ.* — 43. *Historia urbis Caietæ.* — 44. *Codex magnus diplomaticus Caietæ.* — 45. *Historiæ duæ oppidi Pontiscurvi.*

CASSIODORE, mort l'an 563. Supplément au livre *De artibus et disciplinis liberalium litterarum.* (C. A. III. 358-364.) — 2. Fragment d'un *discours qui lui est attribué.* (S. V. 1. 43-43). — 3. Fragment *sur les auteurs qui existaient à son époque.* (S. R. V. 157-160). C'est un supplément au chapitre 16 du 1er livre des *Institutiones divinarum litterarum* de cet auteur, et qui prouve que le chapitre imprimé est rempli de fautes. C'est un service rendu que d'avoir ainsi rétabli le nom des auteurs et le titre des ouvrages qui existaient au temps de Cassiodore.

CHALCÉDOINE (4e concile génér. en 451).*Extrait* concernant le 28e *canon de ce concile;* lequel donnait à l'église de Constantinople le premier rang après l'église romaine ; l'auteur, quoique grec, reconnaît que ce canon ne fut jamais reçu, le pape saint Léon l'ayant rejeté aussitôt qu'il fut porté; grec-latin (S.R. VII. XXIV-XXVI). — 2. Autre témoignage sur la *primauté générale et perpétuelle du pontife romain*, extrait du même synodique; grec et latin (S. R. VII. XXVI-XXIX).

CHARICLÉE, auteur du... siècle; voir *Giorgidius*.

CHORICIUS, vivant au 6e siècle, sophiste de Gaza. *Quelques déclamations* (μέλεται), *descriptions* (ἐκφράσεις), *dictions* (διάλεξεις), *épitaphe, ou oraison funèbre d'un jeune homme* (ἐπιτάφιον); *un panégyrique.* (πανηγυρικὸν) (S. R. V. 410-463), et de plus *trois sentences* dans la *préface* (XXVII). Choricius, disciple de Procope de Gaza, exerça lui-même l'art de rhéteur sous Justinien le Grand, et égala son maître par le nombre et l'élégance de ses écrits. Fabricius, dans sa *Bibliothèque grecque*, t. IX, p. 760, a déjà fait connaître ses écrits imprimés. Quant à ses ouvrages inédits, Iriarte, dans sa *Bibliothèque de Madrid*, p. 345, Villoison dans ses *Anecdo.* t. II, p. 18-67. nous en ont donné une notice ou des extraits, qui faisaient désirer qu'ils fussent publiés; mais la bibliothèque du Vatican en conserve plusieurs, dont les titres mêmes n'étaient pas connus des précédents écrivains. Les parties que publie le savant cardinal, et dont nous avons donné ci-dessus le titre, étaient tout à fait inconnues. On y trouve entre autres choses curieuses, la description d'une horloge et d'une peinture de la ville de Gaza. Voir la notice de Mgr Mai, dans la préface.

CHRODOGANG, évêque de Metz, mort en 766. *Epilogus de officiis clericorum.* (S. V. VI. 127-128); d'un auteur inconnu, mais que le savant cardinal croit être Chrodogang.

CHRONIQUES *diverses.*—1. *Carmina de viris illustribus romanis*, tam consulibus quam imperatoribus et regibus (C. A. III. 358-364).— 2. *Historiæ romanæ fragmenta* (un siècle avant le Christ), d'un auteur in connu, peu savant, mais donnant quelques faits nouveaux. Ces fragments ont rapport aux guerres de Mithridate, des Cimbres, de Marius, de Sylla, de Sertorius, des gladiateurs (C. A. VII. 464-474).

— 3. *Chronicum latinum* (S. R. IX. 118-140). (Dé l'an 1 à l'an 574). Cette chronique d'un codex du 8e siècle, quoique d'un mauvais latin et remplie d'erreurs, méritait pourtant d'être connue. Suivant le cardinal, l'auteur serait un Anglais ou un Gaulois qui aurait écrit contre les *Six âges du monde* de Bède, qu'il désignerait sous le nom de Scot. Sa chronique comprend depuis la naissance du Christ jusqu'à la 9e année du règne de Justin, laquelle correspond à l'an 574; il paraît avoir suivi la chronique de Jean Malalas, où des histoires que cite celui ci. Ce qui prouverait que l'on connaissait et lisait les auteurs grecs en Angleterre et en France à cette époque; il y a une liste des Césars assez fautive. — 4. *Fragmens de l'histoire ecclésiastique* (du 4e siècle après J.-C.), grec-latin (S R. VI, 602-610). Ces fragments comprennent le titre des chapitres d'un codex grec d'histoire ecclésiastique qui se trouve à la bibliothèque Ambroisienne de Milan; et les 1er, 2e et 8e chapitres en entier; ils se rapportent tous à Constantin le Grand, après le concile de Nicée. Nous nous joignons au savant cardinal pour hâter le moment où ils seront publiés en entier. — 5. *Fragment* d'une compilation de la *chronique d'Eusèbe* (S. V. I., 112). — 6. *Fragmens historiques*, se rapportant aux règnes de Julien, d'Arcadius, de Théodose et de Justinien; de 361 à 565, grec et latin (S.R.II.1-28). — Ces extraits historiques ont été trouvés par le cardinal sur un codex palimpseste de la bibliothèque du couvent des Basiliens de Grotto-Ferrata. L'auteur paraît avoir vécu sous Justinien, qu'il appelle plusieurs fois *notre maître*; il a servi de guide, ou plutôt a été souvent copié par Jean Malalas, dont l'histoire se trouve dans les historiens Byzantins. Ces fragments sont précieux en ce qu'ils contiennent plusieurs faits nouveaux, rectifient plusieurs autres historiens, et montrent la source où ceux-ci ont puisé. La première ligne surtout conçue en ces termes : « Ces prodiges » ayant été annoncés à l'empereur Julien, il cessa d'ordonner la réédifica- » tion du temple, » est précieuse en ce que c'est un nouveau témoignage de ce miracle. — 7. *Fragmens* depuis la fin de l'histoire de Dion, an 230, jusqu'à

Constantin, an 306 (S. V. II. 231-246).
— 8. Autre *Extrait d'histoires après
Dion* (567-568). — 9. *Fasti Carolini
ab anno* 708 *ad annum* 800 (S. R. VI.
p. 181-190). — Ces fastes sont extraits
d'un ancien codex du monastère de Corbie, et d'une écriture probablement
du siècle où ils finissent; il y a quelques
faits importants. — 10. *Fragment sur
la vie de quelques papes tirés d'une
chronique*; grec (S. R. VI. 598-602).
— Ces fragments, assez importants à
cause des temps obscurs dont ils par-
lent, comprennent le pontificat de 13
papes, depuis Formose, pape en 891,
jusqu'au successeur intrus de Jean X,
en 928.

CICÉRON, de 106 à 47 avant J.-C.:
*Librorum VI de Republicâ Reli-
quiæ*, dans lesquels on a ajouté et coor-
donné les anciens fragments connus,
avec notes exégétiques et historiques, et
arguments en tête de chaque livre (C.
A. I., 1-365). — 2. Avec une *planche*,
offrant le type de tous les personnages
qui figurent dans le *Dialogue* de cet
ouvrage.— 3. Une *prosopographie*, ou
notice sur tous ces personnages (LXIX-
LXXVIII).—4. *Témoignages* des anciens
auteurs sur cet ouvrage(LXXIX-LXXXVI).
— 5. Un *avertissement* sur la manière
dont il avait été perdu(LXXXVI-LXXXVIII).
— 6. Et un *specimen* de l'écriture du
Palimpseste où il a été retrouvé. — 7.
Des *indices* historiques et orthogra-
phiques (369-385). — 8. Ancien *Commentaire* sur les discours suivants :
*pro Flacco; cum senatui gratias egit;
cum populo gratias egit; pro Plancio;
pro Milone; pro Sextio; in Vatinium;
in Clodium et Curionem; de ære alie-
no, Milonis; de rege Alexandrino;
pro Archiâ; pro Syllâ* (A. C. II. 3-
268). — 9. *Scholies anciennes ad Ca-
tilinariam IV; pro Marcello; pro Li-
gario; pro Deiotaro* (269-277).—10.
Partie de l'oraison *pro Scauro*, avec les
anciennes scholies (278-327). — 11.
Partie de l'oraison *pro Tullio* (328-362).
— 12. *Fragment* des oraisons *pro Milone, pro Fonteio; pro Rabinio* (362-
372). — 13. *Indices* historiques de
latinité et de *paléographie* (373-385).
— 14. *Orationum in C. Verrem acti-
onis II partes* (590-527);— Et de plus
Specimen de l'écriture des discours
contre Verrès (II). — *Préface* sur les

anciens interprètes de Cicéron dont les
écrits ou les noms sont parvenus jusqu'à nous (v-xv). — *Specimen* de l'é-
criture d'un ancien interprète (xvi).

CINCIUS CAMERARIUS, écrivain du 12e siècle : 1. *Préface* qu'il
avait mise aux vies de quelques pontifes, jusqu'à Lucius II, pape en 1144,
époque où il écrivait (S. R. VI., 299-
300). — 2. *Qualiter romanus impera-
tor debeat coronari* (S. R. VI. p. 228-
239). Cet *Ordo* sur la manière dont se
faisait à Rome le couronnement des empereurs diffère de celui qui a été publié
par Mabillon dans son *Museum itali-
cum*, t. II, et de celui qui se trouve en
ce moment dans le *Pontifical romain.*
— 3. *Jusjurandum Federici II, imperatoris* (239-241). C'est la formule du
serment que fit Frédéric II au pape Ho-
norius III, par lettre, l'an 1219, et qu'il
confirma par une autre lettre l'an 1221.
Cette pièce manquait dans *l'Hist. do-
minii temporalis sedis apostolicæ in
utrâque Siciliâ* du cardinal Borgia;
déjà elle était citée par Innocent IV,
dans la bulle de condamnation du même empereur, au concile de Lyon, dans
Labbe, *Concilia*, t. XI, part. I, p. 640.
— 4. *Privilegium regis Belæ super li-
bertate ecclesiarum Hungariæ* (249-
251). C'est un diplome du roi Béla III,
qui date de l'an 1169 ; son règne a dû
commencer à cette année, et non en
1174, comme le disent les chroniqueurs
ordinaires.

CLAUDE, évêque de Turin, mort
vers 824. *Præfatio in commentarios
suos ad Epistolas uPali.* (S. V. VII.
274-276). Le savant éditeur promet de
publier bientôt en entier ces commentaires, dont il ne donne ici que la *préface.*
— 2. *Præfatio ad Catenam Patrum
in sanctum Matthæum.* (S. R. IV. 301-
305). Claude avait composé sur saint
Matthieu une *Chaine*, formée principalement des Pères latins. Elle existe
manuscrite, et le cardinal nous donne
l'espoir qu'il la publiera un jour. —
3. *Expositio Epistolæ ad Philemo-
nem.* (S. R. XI. 108-117). On a de
lui des explications de toutes les Epîtres
de saint Paul ; mais ce ne sont que des
abrégés des commentaires des Pères.
Le cardinal donne pourtant comme modèle cette courte explication, qui est un

abrégé de celle de saint Jérôme sur le même sujet.

CLÉMENT (S.), pape, mort en l'an 100, voir *Canons*, n°ˢ 9 et 10.

CLÉMENT VIII, mort en 1605. *Lettres à Gratianus, pour le consoler de la mort de son frère* (S. R. VIII. 477-478).

CLUNY. Signes. *Traités sur les moyens de parler par signes* (S. R. VI. XXXVIII-XL. On sait que le silence était une chose de rigueur dans la profession monastique; cependant, comme il était souvent nécessaire de communiquer les uns avec les autres, les moines avaient inventé un langage par signes qui permettait de se faire comprendre sans rompre le silence. Cet art, qui paraît avoir ouvert la voie à l'instruction si précieuse des sourds-muets, est enseigné avec beaucoup de développements dans différents codex, dont l'un contient les signes en usage au monastère de Cluny. Le cardinal en donne les titres des chapitres, et un *specimen du chap. XVI, pour désigner les différents livres.*

COMMENDONI (Jean-Franç.), cardinal, mort en 1584. *Notice sur ses écrits,* et fragment *de Vitâ aulicâ,* en italien. (S. R. VI. L-LIX). Le cardinal Commendoni avait une grande réputation d'homme instruit et de diplomate; l'extrait de ses écrits publié ici fut écrit en 1554, et contient plusieurs renseignements intéressants et nouveaux. — 2. *Inscriptions latines et vers* placés dans la villa que le pape Jules III avait fait décorer hors de la porte Flaminienne (S. R. VIII. 479-487).

CONSTANTIN le diacre (au 5ᵉ siècle. *Panégyrique de tous les martyrs;* grec et latin. (S. R. X. 94-168). Dans le 7ᵉ concile général, tenu à Nicée, l'an 787, pour la défense des saintes images, on lut un fragment de Constantin, diacre, gardien des chartes et juge des causes ecclésiastiques de l'église de Constantinople, à la louange des saints martyrs. Ce Constantin, dont aucun auteur ne donne la vie, paraît avoir vécu sous Justinien, vers le 5ᵉ siècle. On regrettait vivement de ne pas posséder ce magnifique témoignage de la foi de l'Eglise; or c'est précisément ce que le savant, et, nous pouvons le dire, l'infatigable et heureux cardinal a découvert dans la bibliothèque Vaticane. Ce panégyrique est comme une histoire sommaire des persécutions. L'auteur y expose les questions posées par les tribunaux payens, les réponses et les discussions des martyrs avec leurs juges; les différents genres de tourments qu'ils ont soufferts, etc. C'est une de ces découvertes qui doivent consoler le savant éditeur de ses travaux. Les *Annales de Philosophie* ont donné une traduction de ce précieux discours dans leur tome XI (3ᵉ série).

CONSTANTIN, patriarche des Arméniens en 1240; voir *Arméniens.*

CONSTANTINOPLE (Concile de), tenu en 1156. *Actes du synode de Constantinople;* grec et latin. (S. R. X. 1-93). Il s'agit du synode tenu à Constantinople sous l'empereur Manuel Comnène, l'an 1156, et assemblé pour condamner l'erreur de Sothéricus, récemment élu patriarche d'Antioche, lequel, craignant d'admettre deux personnes dans le Christ, soutenait que le sacrifice de la croix n'avait été offert qu'au Père et au Saint-Esprit, et non au Fils lui-même, en tant que Dieu. Ces actes manquaient dans les recueils des conciles, qui se bornaient à en faire mention. On y trouvera un grand nombre de noms d'évêques et de siéges inconnus jusqu'ici à ajouter à ceux donnés par Lequien, dans son *Oriens christianus.* Ces actes se composent 1° de l'*écrit* même où Sothéricus soutenait son opinion; 2° de la sentence du concile; 3° d'un grand nombre de passages des Pères opposés à l'opinion de cet hérésiarque. Le docte cardinal a enrichi de notes savantes la traduction latine qu'il en donne. — 2. Autre *synode de Constantinople,* tenu en 1166, sous le patriarche Lucas, et l'empereur Manuel Comnène, et dans lequel on s'occupa de la parole du Sauveur, *mon père est plus grand que moi.* Il y assista trente-un évêques; c'est un document précieux pour l'histoire de l'Eglise. Grec-latin (S. V. IV. 1-96), avec deux planches, l'une offrant les signatures autographes des évêques qui assistèrent au synode, et l'autre les portraits de l'empereur et de son épouse Marie, avec préface. — 3. Un *Extrait d'un concile de Constantinople,* qui déclare, dès lors, que tout ce que les lois civiles peuvent faire de contraire à l'autorité spirituelle, ou tout ce qu'elles peuvent ordonner qui concerne l'ordre spirituel, est nul et de nul effet. (S. R. VII. xx-xxiii).

CORBIE en France (Bibliothèque de). *Hi codices reperti sunt in armario Sancti-Petri.* (S. R. V. 202-203). Le cardinal pense qu'il s'agit ici du monastère de Saint-Pierre de Corbie, au diocèse d'Amiens. fondé au 7ᵉ siècle. Il y distingue : 1. *Libri veterum* xvi ; probablement le *code Théodosien* complet. — 2. *Codex pragmaticus* Tiberii Augusti. — 3. Tertullianus *de Trinitate.* Item, *de Munere.*

CORBIE en Saxe (Bibliothèque de) *Breviarium codicum monasterii Corbeiensis.* (S. R. V. 204-212). Ce catalogue est différent de celui qu'a publié Montfaucon dans sa *Bibl. Mss.*, t. ii, p. 1406. Montfaucon a donné celui de Corbie en France, tandis que celui-ci est de Corbie (Corvey) en Saxe, fondé en 822. Les manuscrits les plus importants désignés dans ce catalogue du 11ᵉ siècle, sont : 1. Pauli diaconi *Historia Trevirensium.* — 2. *Romanorum historia.* — 3. *Dialogorum libri* vi. — 4. *Gesta abbatum Corbeiensium.* — 5. Smaragdus, *In partes Donati.* — 6. Victoris *Grammatica.* — Smaragdi *Grammatica.* — *Glossœ super odas,* probablement d'Horace. — 9. Pollion *in Æneidem.* — 10. Vaca, *in Lucanum.* Qui ne donnerait pas un baiser, dit le cardinal, à ces deux commentaires de Pollion et de Vaca ? — 11. Cornelii *Liber de bello Trojano.* — 12. Juliani Pelagiani *Epistola ad Hieronymum.* — 13. S. Hieronymi *Expositio Symboli.* — 14. Ejusdem *Super Ecclesiasten et super Esdram.* — 15. *Liber dogmatum ex epistolis* sancti Hieronymi. — 16. Sancti Ambrosii *Contra Novatianum.* — 17. Johannis *De similitudine carnis.* — 18. *Explanatio sex dierum ex dictis* Ambrosii — 19. Raberus ; très-probablement Paschase Radbert, édité par Sirmond. — 20. Rabanus, *Super Actus Apostolorum.* — 21. Tertullianus. *De ignorantiâ.* — 22. Robertus, *De divinis officiis.* — 23. Cyrillus, *de benedictione levitarum et sacerdotum.* — 24. *Dicta* regis Trasamundi *cum responsionibus;* probablement le livre de Fulgence *contre les ariens.* — 25.

Ejusdem Fulgentii, *de consultatis Optati.* — 26 *Epistola ad Gallam de passione ejus.* — Anonymi *super epistolam ad Romanos.* — 28. Paschasii diaconi *de Trinitate.* — 29. *De pœnitentiâ libri* vi. — 30. Florus, *contra Johannem Cassianum de institutione monachorum.* — 31. Belus, *de laude crucis.* — 32. Tertullianus, *De cibis judaicis.* — 33. Johannes diaconus, *super Pentateuchum,* lequel était encore inédit dans la bibliothèque de Saint-Germain des Près de Paris. — 34. Florentii *Epistolarum liber unus.* — 35. *Consuetudines* sancti Adalardi. — 36. Adulphus *super Leviticum.*

COSMAS de Jérusalem, écrivain du 8ᵉ siècle. *Collection et interprétation des histoires dont saint Grégoire fait mention dans ses poésies,* tirées soit de la sainte Ecriture, soit des poëtes et des écrivains profanes ; en grec (S. R. II. 1-306). Cosmas, dont le savant cardinal donne ici l'ouvrage inédit, était de Jérusalem, et fut nommé *philogregorius,* à cause sans doute du grand amour qu'il portait aux travaux et à la sainteté de saint Grégoire, dont il a commenté les poésies. Il vivait au 8ᵉ siècle, fut élevé dans la maison même de saint Jean Damascène, dont il fut le condisciple et l'ami, par un autre Cosmas, moine italien, que le père de Jean Damascène avait racheté des mains des Sarrazins. Outre cet ouvrage, il est encore l'auteur des *vers* qui se trouvent en latin dans la *Bibliothèque des pères* de Lyon, t. xii, p. 737 ; il fut de plus successeur de Pierre martyr à l'évêché de Mayuma, ou Athédon, dans le patriarchat d'Alexandrie, vers l'an 743. Le travail de Cosmas est précieux en ce qu'il nous a conservé plusieurs poésies de saint Grégoire que nous ne connaissions pas, et surtout par les variantes et les versions nouvelles qu'il nous donne pour corriger les éditions bénédictines. C'est une mine très riche pour un nouvel éditeur de saint Grégoire. D'ailleurs on y trouvera de nombreux éclaircissements pour l'histoire sacrée, l'histoire ecclésiastique, civile et philosophique. Quant à la mythologie grecque, Cosmas nous y donne un grand nombre de notions nouvelles, qui seront à ajouter aux travaux *d'Apollodore,* de *Phurnutus,* d'Ant. *Liberalis* et aux nouveax *mytho-*

logues latins que le cardinal a déjà publiés.

CYCLE PASCAL. *Modèle du Cycle
pascal* trouvé à Ravennes, en un grand
tableau. (S. V. V. 472).

CYNTHIUS *cenetensis; in Virgilii
Æneidem Commentarius;* extrait d'un
manuscrit de Milan, d'un auteur du 15e
siècle, à la vérité, mais ayant conservé
quelques extraits d'auteurs perdus (C.
A. VII. 321-394). — *Index* des auteurs cités. (395-396).

CYPRIEN, probablement celui d'Antioche, martyr sous Dioclétien, au 3e
siècle. Fragment *sur la pénitence* (C.
A. X. 485-487).

CYRILLE (S.), patriarche d'Alexandrie, mort en 444. Le cardinal a eu le
bonheur de retrouver un grand nombre
de ses ouvrages, dont voici la nomenclature : 1. *Commentaire sur s. Luc*, dont on
avait quelques fragments latins sans le
texte. C'est donc un vrai service rendu à
l'Eglise que la découverte presque complète de ce commentaire, que le savant
éditeur promet de traduire bientôt en latin. (C. A. X. 1-407). Autre fragment de
ce même *commentaire.* (S. V. IX. 741).
Autres *fragments.*(C.A.X.501-546).Au-
tres sur *les prophètes* (605-607). *Autres*
(608-613). Autres fragments *de ses homélies* (546-553). — 2. *Traité sur la Trinité,* en 28 chapitres; grec. (S. V. VIII.
27-58). Cet écrit est différent de celui
du même Père sur la même matière,
publié déjà sous le titre de *Trésor,* et
où il réfute les hérétiques. Dans le nouveau traité, il expose la foi orthodoxe
aux fidèles; il diffère encore de son
Dialogue à Némésinus. — 3. *Traité
de l'incarnation du Seigneur,* en 35
chapitres; grec (59-103). Ce traité diffère encore des *Scholies* du même Père
sur l'*incarnation,* déjà éditées. — 4.
*Homélie sur l'incarnation du Sei-
gneur;* en grec (104-107). On n'en avait
que la traduction latine dans les éditions
de ce Père. — 5. *Traité contre ceux
qui ne veulent pas accorder à la sainte
Vierge le titre de mère de Dieu;* en
grec (108-131). Nous savons que cette
homélie est de saint Cyrille, par le témoignage de l'empereur Justinien, dans
sa *Lettre aux moines;* voir ce *nom.*
— 6. *Court dialogue avec Nestorius,
prouvant que la sainte Vierge est mère*

de Dieu, et non pas seulement mère du
Christ (ὅτι Θεοτόχος ἡ ἁγία πάρθενος οὐ Χρισ-
τοτοχος); en grec (132-135).—7. *Courte
exposition de foi en forme de dialogue;* en grec (135-137). Cette exposition avait déjà été éditée et attribuée à
saint Athanase, mais le savant cardinal,
d'après les manuscrits, la restitue à Cyrille. —8. *Quatre Lettres*, deux à Rufus évêque de Thessalonique , une à
Amphilochius, évêque de Side en Pam-
philie ; une à Maxime, diacre d'Antioche; grec (138-141).—9.*Fragments des
commentaires perdus sur saint Matthieu;* en grec (142-147). —10. *Fragments des commentaires perdus sur
l'Epître aux Hébreux;* sur un *discours
aux habitants d'Alexandrie ;* et sur
des *Scholies* ou petits chapitres; grec.
(147-148). — 11. *Fragment d'une homélie;* grec (149). Ce fragment existait
déjà en latin dans les éditions du concile
d'Ephèse ; voir la *Collection* de Mansi,
t. v, col 289. — 12. *Trois courts discours,* ou *Fragments de discours sur
saints Cyrus et Jean,* en grec (S. R. IV.
248-252); en latin (263-266). — 13.
*Ad totius Ægypti regionem Epistola
paschalis* (S. R. V. 101-118). Ce discours a cela de remarquable qu'il est de la
traduction d'Arnobe le Jeune ; elle doit
remplacer celle toute récente qui se trouve
dans les éditions de saint Cyrille. La lettre est dirigée contre les Nestoriens. —
14. *Discours sur la parabole de la
vigne;* en grec (119-122). Ce discours
n'existait encore qu'en latin, publié par
Achille Statius. Le cardinal fait observer qu'il en existe deux autres codex
dans la Bibliothèque royale de Paris. —
15. *Fragments de son commentaire
sur Ezéchiel.* (S.R.VI. XXXVI-XXXVIII).
Extraits par le cardinal des *Chaînes des
pères grecs* qui se trouvent au Vatican ;
voir *Procope.*

Ces fragments, comme on le voit, sont
si nombreux qu'ils peuvent ajouter un volume entier à l'édition d'Aubert (Paris
1633-38) en 7 vol. in-fol. Un grand nombre de nouveaux témoignages pour la foi
catholique y sont mis en lumière ; nous
nous contenterons d'en citer les suivants. On le voit; pour ainsi dire, à
chaque page, enseignant et défendant
la divinité du Verbe, et toute la divine
économie de son ineffable incarnation ,
ainsi que la distinction des deux natures

et des deux opérations dans le Christ (C. A. X. 19, 506, 508, 553). Il professe en outre plusieurs dogmes de la théologie chrétienne, tels que l'institution du sacrement de pénitence (69, 517), le secours et la nécessité de la grâce divine (93, 252, 524), la résurection de la chair (375), l'immortalité de l'âme et l'éternité des peines (534). Il réfute les gentils, les juifs, les macédoniens, les eutychiens et les phantasiastes, les marcionites et les manichéens ; enfin toutes les hérésies qu'il appelle les *portes de l'enfer* (224). Mais ceux qu'il combat principalement, ce sont les ariens et les nestoriens : ceux-là, comme évêque de la ville qui donna le jour à Arius; ceux-ci, comme étant une peste qui se répandait alors de tous côtés, et qu'il contribua beaucoup à étouffer. Il explique avec une éloquence admirable les paraboles évangéliques, l'oraison dominicale, les discours du Sauveur, les trésors de la bonté divine ; il célèbre la virginité perpétuelle de Marie et sa maternité divine; il entremêle et rattache de la manière la plus heureuse le nouveau Testament à l'ancien, l'Evangile avec Moïse et les prophètes, Paul avec le psalmiste; il introduit dans la discussion, avec une espèce de spontanéité et de force imprévue d'esprit, et comme avec une autorité divine, les interprétations les plus belles et les plus neuves; il accumule et répand, pour ainsi dire, à pleines mains des avertissements moraux sur la fuite des voluptés, l'aumône, l'oubli des injures, l'amour fraternel, la vie apostolique, la force d'esprit qu'il faut montrer contre les hérétiques pour garder la foi orthodoxe, l'amour de la prière, l'efficacité du jeûne, les pieux délassements de l'esprit, la haine du siècle, le mépris des richesses, et l'attente des biens à venir...

Enfin, saint Cyrille enseigne clairement le mystère du corps du Christ présent sous le voile eucharistique (31, 53, 77, 170, 370, 374); bien plus, il confirme ouvertement le dogme de la transubstantiation par ces paroles : « Il » fallait que par le Saint-Esprit, Dieu » lui-même habitât en nous selon la ma- » nière la plus convenable, et qu'il se » répandît, pour ainsi dire, dans nos » corps par le moyen de son corps et » de son précieux sang, que nous pos- » sédons par sa vivifiante bénédiction, » comme dans le pain et dans le vin; *car* » *de peur que nous ne fussions saisis* » *de crainte si nous voyions la chair* » *et le sang même offerts aux regards* » *sur les tables sacrées des églises,* » *Dieu, indulgent pour nos faiblesses,* » *inspire une force vitale dans les es-* » *pèces proposées, et les transmute en* » *la réalité de son corps.* » Puis il conclut son discours par cette sentence remarquable : « *Et ne mets pas en doute* » *si cela est vrai ou non, puisqu'il a dit* » *lui-même clairement :* Ceci est mon » corps, ceci est mon sang ; *reçois, au* » *contraire, avec foi la parole du* » *Sauveur, qui, étant la vérité, ne* » *ment point* [1]. » — Que diront à cela les hétérodoxes trompés par les maîtres de mensonge? quelles ténèbres pourront-ils opposer à une si éclatante lumière? pourquoi n'embrasseraient-ils pas la croyance de l'Eglise catholique ? — Il existe encore une fort belle *homélie* de saint Cyrille *sur la sainte Eucharistie*, déjà éditée par Aubert; ce fut probablement là la dernière qu'il adressa à son peuple, puisqu'il y dit qu'il était oppressé du fardeau de la vie, courbé et à peine pouvant se tenir sur ses pieds. Il y défend aussi la croyance catholique en prouvant par l'Ecriture que *la consécration a lieu par les paroles mêmes du Christ.* Cette homélie, comme je viens de le dire, fut probablement la dernière de saint Cyrille; de même que cette *homélie pascale* que je publie ici fut, sans aucun doute, le premier discours qu'il adressa comme archevêque à son peuple, puisqu'il y annonce qu'il a succédé à Théophile [2]. Homme

---

[1] Ἵνα γὰρ μὴ ἀποκαρκίσωμεν, σάρκα τε καὶ αἷμα προκείμενα βλέποντες ἐν ἁγίαις τραπέζαις ἐκκλησιῶν, συγκαθιστάμενος ὁ Θεὸς ταῖς ἡμετέραις ἀσθενείαις, ἐνίησι τοῖς προκειμένοις δύναμιν ζωῆς, καὶ μεθίστησιν αὐτὰ πρὸς ἐνέργειαν τῆς ἑαυτοῦ σαρκὸς...... Καὶ μὴ ἀμφιβάλῃς ὅτι τοῦτό ἐστιν ἀληθὲς αὐτοῦ λέγοντος ἐναργῶς· Τοῦτό μου ἐστὶ τὸ σῶμα, καὶ τοῦτό μου ἐστὶ τὸ αἷμα· δέχου δὲ μᾶλλον τοῦ Σωτῆρος ἐν πίστει τὸν λόγον· ἀλήθεια γὰρ ὢν, οὐ ψεύδεται. *Classici auctores*, t. X, p. 375.

[2] Ce fut en 412 que saint Cyrille succéda à Théophile sur le siége d'Alexandrie.

vraiment admirable, et que nous voyons dans ses écrits professer les idées les plus justes sur Pierre, le maître, le chef et le fondement des catholiques sur cette terre, et sur son successeur Célestin, dont il tint la place au concile d'Ephèse, à propos duquel il proféra ces paroles remarquables dans son *homélie sur la Vier-ge, mère de Dieu*. « Or, qu'il en soit » ainsi, nous en avons un témoin digne de » foi, à savoir le très-saint *archevêque* » *du monde entier*, Célestin, le père et » le patriarche de la grande Rome[1]. »

CYRILLE (S.), patriarche de Jérusalem en 350 : Fragment d'un *commentaire sur Daniel* (S. V. I. 29).

D

DECOROSUS (le vénérable) : *Laudes in S. Lucam evangelistam* (S. V. IX. 182-188). — On ne sait qui était ce Decorosus dont l'opuscule a été pris dans un codex du 12e siècle.

DENYS D'HALICARNASSE, historien vers 30 ans avant J. C. *Fragments de son Histoire romaine*, du livre 12 au livre 20, c'est-à-dire jusqu'au dernier; grec-latin (S. V. II. 465-526). — C'est à ce Paul II, pontife calomnié par Platine, comme ennemi des lettres, que l'on doit la première édition de cet auteur. C'est lui, en effet, qui, ayant envoyé une copie à Lupus Biragus, Florentin, le chargea de le traduire et de l'éditer. — Denys avait composé son Histoire en 20 livres, comprenant l'espace de 500 ans, depuis la fondation de Rome jusqu'à la première guerre Punique. Nous n'avions que la moitié de cette histoire depuis le 1er livre jusqu'au 10e et une partie du 11e. C'est donc une bonne fortune et un grand service rendu à la science historique que la découverte de Mgr Mai, qui nous donne du livre 12e au livre 20e, c'est-à-dire jusqu'à la fin.

DENYS (S.) l'aréopagite, converti l'an 50 : Fragment sur *la hiérarchie* en écriture tachigraphique (S. V. VI. préface).

DENYS (S.), probablement archevêque d'Alexandrie, mort en 265 : *Fragments sur la pénitence* (C. A. X. 484).

DENYS (*telmarensis*) de Telmera, en Carie, au 7e siècle : *De jussu baptizandi judæos* (S. R. X. 223). — Ce sont quelques détails extraits d'une chronique syriaque sur l'ordre ridicule donné par l'empereur Phocas, en 617, de faire baptiser tous les juifs; ordre qu'il fit exécuter par ses officiers et par George, préfet de la province.

DEXIPPE, historien, mort vers 282 : *Extraits de ses Histoires*, grec-latin (S. V. II. 319-330). *Extraits de ses Ambassades*, déjà édités, mais avec une traduction nouvelle (331-347). L'auteur était un Athénien qui avait composé un abrégé historique depuis les temps fabuleux jusqu'à Claude-le-Catholique. L'éditeur a fait entrer ici avec les fragments nouveaux les anciens fragments, tirés soit du grec soit du latin, et de plus le jugement de Photius et de quelques autres sur ses écrits.

DIADOCHUS, évêque de Photices, en 390. *Homélie sur l'Ascension du Seigneur*; grec et latin (S. R. IV. XCVIII-XCVI). — Cet auteur fut évêque de Photices en Epire; il eut pour disciple Victor de Vite, qui écrivit, d'après ses conseils, l'*Histoire de la persécution des Vandales en Afrique*; on connaissait déjà plusieurs autres de ses écrits ascétiques.

DIDYMUS, écrivain ecclésiastique, mort en 392 : Voir *Procope*.

DIODORE de Sicile, historien, mort vers 45 avant J.-C. : *Fragments* du livre 7 au livre 10 (S. V. II. 1-41). Autres *fragments* du livre 21 jusqu'au 40, c'est-à-dire jusqu'à la fin de l'histoire (42-131).—On sait que c'est de la bibliothèque des papes que sortit la 1re édition de Diodore, faite sous Nicolas V par Le Poge, son secrétaire; c'est encore à la même bibliothèque que l'on devra les

a Ὅτι γὰρ τούτων οὕτως ὄντων ἀληθῶς, μάρτυρα παρέχωμεν ἀξιόπιστον, τὸν ἁγιώτατον καὶ ἀρχιεπίσκοπον πάσης τῆς οἰκουμένης, πατέρα τε καὶ πατριάρχην Κελεστῖνον, τὸν τῆς μεγαλοπόλεως Ῥώμης. *Opera*, t. V, part. II, p. 384.

nouveaux fragments à ajouter à l'édition de Wesseling. Une traduction latine accompagne ces précieux fragments, ainsi que de nombreuses *notes*. — *Ordre chronologique* de ces fragments (132-135). Autres *Extraits* (568-570).

DION CASSIUS, historien, mort vers 239 : *Fragments de son Histoire romaine*, depuis la fondation de Rome jusqu'à la bataille de Cannes (S. V. II. 135-176). — Autres *fragments* depuis Auguste jusqu'à la fin de l'histoire (197). — On sait que cette histoire se composait de 80 livres depuis la fondation de Rome jusqu'à la 8e année d'Alexandre Sévère, 229 de notre ère. Mais les 34 premiers et une partie du 35e manquaient; il y avait de plus de nombreuses lacunes du livre 55 au 60e, et il ne nous restait rien du 60e au 80e; plusieurs de ces lacunes viennent d'être remplies. — 2. Plusieurs autres *extraits de ses histoires* (527-567). — 3. *Trois courts fragments grecs de son histoire* (S. R. V. 464).

DONATUS (Jérôme), vénitien, savant littérateur et théologien, mort en 1511 : *De processionne Spiritùs sancti contra græcum schisma* (S. V. VII. 1-162). — Cet ouvrage est digne de remarque par l'élégance de son style, la solidité de sa doctrine, et la force avec laquelle le dogme catholique y est défendu.

DROIT CIVIL : Nombreux fragments avec *préface* où le cardinal traite *du droit civil* avant Justinien ; 2. de la famille des Symmaque et des écrits publiés ou perdus de Symmaque l'orateur ; 3. de la rhétorique de Julius Victor ; 4. de Minutianus Apuleius le grammairien (S. V. I. IX-XLIV). — 2. *Specimen* 1. de l'écriture du *code civil* ; 2. d'un fragment de Galien ; 3. des principaux signes ou abréviations. — 3. *Fragment du droit civil* avant Justinien, 1. *ex emplo et vendito* ; 2. *de usufructu* ; 3. *de re uxoriâ ac dotibus*; 4. *de excusatione* ; 5. *quando donator intelligatur revocasse voluntatem* ; 6. *de dominationibus ad legem Cinciam*; 7. *de cognitoribus et procuratoribus*. La plus ancienne loi qui est citée est de l'an 369 (1-73). — 4. Différentes *leçons du Code Théodosien*, ayant à côté la leçon de l'édition de Cujax (73-80). Avec *Specimen* de l'écriture du codex. — 5. Fragment de la *loi des Bourguignons*, titres 28 à 36 (80-81). Avec *Specimen*. — 6. *Summaria quædam* du Code théodosien. (81-82). — 7. *Indices* des fragments du droit civil qui précèdent (83-84).

DYNAMIDIORUM *libri duo* : Ouvrage d'un médecin latin, inconnu de nom et d'âge, d'une latinité choisie, et pouvant donner de nouveaux faits; il traite surtout des qualités des *plantes* (C. A. VII. 597-463).

E

EBEDIESU, métropolite de Nisibe, au commencement du 14e siècle : *Liber margaritæ seu de veritate christianæ religionis*, en cinq livres, syriaque (S. V. X. 317-341), en latin (342-366). Ce traité, écrit après l'an 1291, est recommandable par la manière logique dont il est composé, et doit être lu par ceux qui s'occupent de l'histoire de l'Eglise. Le docte cardinal y a ajouté d'excellentes notes où il refute les erreurs nestoriennes d'Ebediesu. Voir *Canons* n° 5.

ELISEUS, écrivain du .... siècle : *Capitula de energumenis, de apostatis et de cathecumenis* (S. V. X. 312).

ELOI, évêque de Noyon, mort en 669; voir *Audouin*.

EPHREM, patriarche d'Antioche, au 6e siècle. Fragment *en faveur du concile de Chalcédoine et de l'épître de saint Léon, pape* (en grec). C. A. I. X. (558-559).

EPHREMIUS le chroniqueur, au 5e siècle. *Liste des Césars selon la chronologie*, ainsi que des patriarches de Constantinople (XXVII-XXIX). — *Les Césars*, depuis Caius Caligula jusqu'à Michel VIII; grec-latin. (S. V. VIII. 1-225). Cet Ephrémius paraît être le fils de Jean, qui fut patriarche de Constantinople jusqu'en 1404. Sa chronique, écrite en vers iambiques, est intéressante sous le rapport historique, et doit entrer dans la collection des auteurs byzantins. — 2. *Catalogue des pa-*

triarches de Byzance, depuis le commencement de l'épiscopat jusqu'en 1423 (226-245). — Il y a dans ce catalogue une série fabuleuse commençant par l'apôtre saint André, et finissant au 23ᵉ patriarche, qu'il appelle Métrophanes.

ERECHTHIUS, évêque de Pisidie, vers le 6ᵉ siècle. *Fragment* en grec (S. V. VII. 165). Fragment extrait d'un recueil composé par un monophysite, où il avait réuni tout ce qui, dans les écrits des Pères, pouvait favoriser son erreur, soit que ces écrits fussent vrais ou supposés. C'est de ces derniers que paraît être le fragment déjà publié en latin par Canisius (*Ant. Lect.* t. I, p. 527). Jamais cet Erechthius n'avait été mis au nombre des Pères.

EREMBERT, du Mont-Cassin, au 9ᵉ siècle. *Expositio in aliquot psalmos..* (S. V. IX. 339-568). C'était un moine qui avait composé une *histoire des Lombards dans le Bénévent*, dont on a publié un abrégé, mais qui existe encore en entier manuscrite. On trouve dans cette exposition ce témoignage sur la procession du Saint-Esprit : *Principalis Spiritus pertinet ad Patrem; Spiritus rectus ad Filium; Spiritus Sanctus ipse est procedens à throno communi Patri et Filio* (p. 346).

ETIENNE le philosophe, athénien, médecin distingué du 7ᵉ siècle. *Exposition sur les prognostics d'Hippocrate* ; en grec. (S. R. V. 1-60). Bandinicus et Fabricius avaient parlé de cet écrit, et en avaient désiré la publication. L'ouvrage avait trois parties, les deux premières seules sont dans le manuscrit imprimé ici, avec une *notice* de Mgr Mai dans la préface.

EUBULUS, philosophe sceptique, vers le 3ᵉ siècle, ou **PROCLUS** : *Sur les choses qu'Aristote, dans son 2ᵉ livre de la politique, a écrites contre la République de Platon* ; grec seulement. (S. V. II. 671-675).

EUDOXE, écrivain du 4ᵉ siècle. *Comment. sur Daniel.* (S. V. I. 29).

EULOGIUS, patriarche d'Alexandrie, au 6ᵉ siècle. *Fragment du livre de la Trinité et de l'Incarnation* ; en grec. (S. V. VII. 177-178). — 2. *Fragment sur ces mots : Simon fils de Jonas, m'aimes-tu ?* (C. A. X. 483). — *Sur le couple des tourterelles* (493-494).

EUNAPIUS, médecin payen, vers la fin du 4ᵉ siècle et au commencement du 5ᵉ de notre ère. *Fragments de ses histoires.* (S. V. II. 247-295). — Extraits des *Légations* et autres *fragments historiques*, déjà édités (296-318). Son histoire, dont il ne nous restait que l'abrégé fait par Zozime, datait de Claude le Gothique, et s'étendait jusqu'à l'impératrice Pulchérie, an 414 de notre ère ; elle avait été composée pour exalter l'empereur Julien et déprimer les empereurs chrétiens. Le savant éditeur, en publiant ces fragments inédits, les a accompagnés d'une traduction nouvelle, et y a fait entrer les fragments peu nombreux publiés avant lui.

EUPRAXIUS, évêque arménien, au. . . siècle. *Deux fragments sur la divinité du Christ.* (S. R. VII. 707-708).

EURIPIDE, poëte, mort 407 avant J. C. *Sommaire* des *Pléiades*, tragédie perdue ; en latin. (S. V. VIII. 43, note 4). Le savant cardinal nous apprend qu'une traduction de cette tragédie existe en arménien ; il en donne ici un sommaire tiré d'un ouvrage sur la *rhétorique* de Moïse de Chorène.

EUSÈBE, dit *Pamphile*, évêque de Césarée, mort en 340. — Le savant cardinal a trouvé de nombreux et importants ouvrages de ce grand homme. En voici la liste : *Chronicorum canonum liber prior, ex Armeniaco codice recuperatus, et in latinam linguam conversus, additis græcis reliquiis, cum criticis adnotationibus.* (S. V. VIII. 1-220), — 2. *Imperatorum et consulum laterculum à Julio Cæsare ad Constantini vicennalia, Eusebii chronico jure postliminii restitutum* (221-242). — 3. *Chronicorum canonum liber alter ex armeniaco item codice sed insertis Hieronymi supplementis, collatis codicibus bibliothecæ Vaticanæ præstantioribus, additis græcis reliquiis, cum adnotationibus criticis* (243-406). — On sait que le texte grec du premier livre de la chronique d'Eusèbe est perdu, et qu'il n'en avait jamais existé aucune traduction latine ; c'est dans une traduction arménienne qu'on l'a enfin retrouvé et fait connaître au monde savant. Mai n'en existait que deux éditions, celle de Milan et celle de Venise ; l'une l'autre, faites en deux villes différentes et par des éditeurs différents, présentaient de nombreuses variations, et laissaient beaucoup à désirer, bien que celle de Venise fût préférable, à cause du texte arménien qui y était joint, et des savantes scholies qui l'accompagnaient. Il était donc important d'en faire une troisième édition qui réunît les avantages des deux premières, et en exclût les défectuosités; cela était surtout important pour le livre premier, qui ne s'appuie que sur le texte arménien et sur quelques fragments grecs. Il y a beaucoup plus de secours pour donner une édition correcte du livre II, car la seule bibliothèque vaticane renferme plus de 20 codex de ce livre, dont quelques-uns sont d'une antiquité très-recommandable. D'ailleurs les éditions de Milan et de Venise ne renferment que la chronique seule d'Eusèbe, sans les corrections et augmentations nombreuses et précieuses de saint Jérôme. Le texte même d'Eusèbe, provenant du manuscrit arménien, est loin d'être pur et complet. Il est en effet plus clair que le jour que le copiste ou le traducteur arménien ont omis plusieurs fragments qui sont véritablement d'Eusèbe; ce que prouvent suffisamment l'ouvrage du *Syncelle* et la *Chronique pascale*, qui ont, sans qu'on puisse en douter, puisé dans Eusèbe. En outre, S. Jérôme nous apprend, dans la *préface* de sa traduction latine, qu'il n'a rien ajouté à Eusèbe; en ce qui concerne les temps qui précèdent la guerre de Troie, et cependant son texte latin a sur ces mêmes temps des faits confirmés par les fragments grecs, et qui manquent complétement dans le texte arménien ; de même pour les temps postérieurs à la guerre de Troie, l'interprète arménien a omis plusieurs faits que S. Jérôme a conservés; et qu'on ne peut mettre au nombre de ses augmentations, puisqu'ils s'accordent parfaitement avec les fragments grecs qui nous restent. C'est donc un vrai service que le savant cardinal a rendu à la science en donnant une édition plus pure, plus correcte, plus complète que les précédentes.

Son travail consiste en ce que, pour le premier *livre*, il a collationné les deux précédentes éditions, y a ajouté des observations critiques et des notes philologiques; pour le second *livre*, non-seulement il a ajouté les passages omis par le traducteur arménien, mais encore il a fait entrer les doctes travaux de saint Jérôme : et surtout ce qui est d'un bien grand prix, c'est qu'à l'aide des manuscrits du Vatican, il a donné une leçon toute nouvelle. En outre, il a fait disparaître la lacune qui existait dans la version arménienne, entre le premier et le deuxième livre, et qui regarde la série des consuls et des césars avec les olympiades qui y correspondent. Cette lacune a été réparée par le secours de la *Chronique paschale*, de telle manière que l'ouvrage d'Eusèbe y est tout-à-fait complet. Voici maintenant l'ordre de cette publication : En haut de la page est le *texte latin*, traduit de l'arménien ; au bas les *Fragments grecs* qui correspondent à ce texte, tirés du Syncelle, d'un chronographe inédit, de Diodore, de la Préparation évangélique et de tous les auteurs qui y sont cités; puis au-dessous de ces fragments, les *notes critiques* et philologiques. On peut dire que c'est la seule édition qu'on doive consulter dorénavant. Voir *Chronique*, n. 5.

— 4. *Questions et solutions sur les difficultés des Evangiles, adressées à Étienne*, et *fragments* du même à Marinus, grec et latin. (S. V. I. 1-111, et 258-284). — Dans ces *questions* et *solutions*, Eusèbe s'attache principalement à expliquer les apparentes discordances qui se trouvent dans les récits des divers Evangiles; il y traite en particulier la question des deux généalogies du Christ, et y cite les explications données par Jules l'Africain, ce dont il avait déjà traité brièvement dans son *Histoire ecclésiastique*, l. I, chap. 7. Saint Ambroise a imité et souvent traduit le traité d'Eusèbe dans ses *commentaires sur saint Luc*; malheureusement ce n'est ici qu'un abrégé de ce travail d'Eusèbe.

— 5. Dix-huit fragments *sur la théophanie* et l'*arrivée du Sauveur* ; grec. C'est l'histoire du Sauveur d'après les prophéties et les Evangiles, avec une explication de la doctrine évangélique. Il y est fait mention, (p. 132) d'un évangile en hébreu (113-142). — 6. Nombreux fragments de ses *Commentaires sur S. Luc.* (143-247). — 7. Fragment de son traité *de la Pâque*. Eusèbe avait envoyé ce traité à Constantin, qui le fit traduire en latin, puis répandre dans tout l'empire. On lit encore dans la Vie de ce prince (liv. IV, 35, 9) la lettre qu'il adressa à Eusèbe à ce sujet (247-257). — 8. Fragment d'un *Commentaire sur Daniel.* (S. V. I. 29). — 9. Mention du 15e livre de la *Préparation évangélique* (35); voir *Procope.* — 10. *Commentaires*, 1° *sur la vie d'Eusèbe avant son épiscopat*; 2° *sur son épiscopat et sur la conversion d'Alexandre*; 3° *sur la mort d'Eusèbe*, par un anonyme; grec. (S. R. IX. 703-713). Le cardinal doute de plusieurs faits racontés ici, et cependant il y en a plusieurs, nouveaux et intéressants, que l'on ne saurait contester.

EUSÈBE d'Alexandrie, écrivain du 5e siècle. — 1. *Trois discours sur le jeûne, sur la charité et sur l'incarnation du Seigneur*; grec et latin (S. R. IX. 1-28). Turrianus a parlé le premier de cet Eusèbe, dont il donna quelques fragmens dans sa *Defensio canonum apost. et epist. decret.*; il le place au 13e siècle; mais il est bien plus ancien, puisqu'il est cité par saint Jean Damascène, du 8e siècle, et par Jean le Moine, du 7e siècle. Le cardinal le croit du 5e siècle, et il en publie la vie, et de plus les douze autres discours qui suivent. — 2. *Discours sur différens sujets*; en grec (S. X. IX. 652-703). Dans ces discours, on trouve un témoignage sur la *confession* des péchés faite aux prêtres : καὶ ἐξομολογεῖται τὰς ἁμαρτίας αὐτοῦ τοῖς πρεσβυτέροις (p. 654); et un autre sur l'Eucharistie : καὶ ὁ μὲν ἄρτος γίνεται σῶμα, καὶ τὸ ποτήριον γίνεται αἷμα τοῦ Κυρίου ἡμῶν Ἰησοῦ Χριστοῦ (p. 660 et 671); Eusèbe y chante aussi la louange de la *Croix*. Le 7e discours est curieux à cause des détails sur les superstitions du tems qui y sont réfutées. Il est à désirer que ces discours soient bientôt traduits.

EUSÈBE, archevêque d'Alexandrie en Égypte et non en Syrie, vivant au... siècle : *Discours sur le second avènement de Notre Seigneur Jésus-Christ et sur le jugement à venir* (C. A. X. 595-600).

EUSTATHE de Thessalonique, écrivain du 12e siècle. *Commentaire sur l'hymne de Pentecôte de saint Jean Damascène*; grec (S. R. V. 161-385). On connaît déjà les savans Commentaires d'Eustathe, archevêque de Thessalonique, *sur l'Iliade et l'Odyssée d'Homère*; c'est une bonne fortune pour la littérature sacrée que de posséder les travaux de ce docte littérateur et théologien sur les louanges de l'Esprit-Saint. Lambécius et Allatius en avaient déjà parlé; il était réservé à la ville qui avait déjà fait connaître au monde savant, en 1600, ses *Commentaires sur Homère*, de donner ce Commentaire sur l'Hymne à la louange du Saint-Esprit. On ne peut que désirer que l'ouvrage soit traduit. — 2. *Fragmens d'un Discours isagogique sur le jeûne quadragesimal*; en grec (S. R. V. 402-405). — 3. *De la réformation de la vie et de la discipline monastique*; en grec (405-409). Ce ne sont que deux fragmens; le savant cardinal aurait bien désiré publier en entier le second, à cause de son importance, et parce que la question y est traitée à fond avec de grands développemens historiques, mais il a été arrêté par le mauvais état de la copie, et surtout parce qu'il doit exister en entier dans la bibliothèque de Vienne.

EUSTATHE le moine, écrivain du 5e siècle. *Lettre* à Timothée le Scholastique, probablement le faux évêque d'Alexandrie, *sur les Deux Natures, contre Sévère, monophysite*; en grec (S. V. VII. 277-291). — C'est un savant traité contre les monophysites.

EUTYCHIEN, pape, mort en 283, *exhortatio ad presbyteros* (S. V. VI. 124-126). — Cette pièce peu authentique doit être ajoutée aux autres écrits attribués au même pape et dont parle D. Coustant dans ses *Epist. Rom. Pontificum*, p. 299.

EUTYCHIUS, patriarche de Constantinople vers la fin du 6e siècle, au tems de saint Grégoire pape. *Deux fragmens sur la Pâque et l'Institution de la sainte Eucharistie* (S. V. IX. 623-625). — Il paraît que ces fragmens appartenaient aux *discours* qu'il avait composés *contre toutes les hérésies*, au rapport d'Eustratius, qui a écrit sa vie. Ces deux fragmens, quoique si courts, sont très-importants. En effet, dans le premier, Eutychius réfute d'abord les *Quartodecimans*, qui célébraient la Pâque à la manière judaïque; puis il s'élève contre les *Aquariens* ou

Hydroparastates, c'est-à-dire ceux qui n'employaient que l'eau dans le saint sacrifice, et qui s'excluaient, comme il le dit, du corps et du sang du Sauveur. Il enseigne qu'il faut offrir le vin mêlé avec l'eau, suivant la tradition du Sauveur, et réfute par là les arméniens schismatiques, qui n'emploient que le vin, s'appuyant sur les fausses traditions de leurs ancêtres, qui ne peuvent être comparées à celle qui nous vient du Seigneur Jésus.—Dans le second fragment Eutychius s'élève aussi contre une dangereuse coutume qui existe chez les Grecs et les arméniens schismatiques et qui consiste à vénérer la matière offerte pour l'Eucharistie, mais non encore consacrée, coutume qu'a si souvent blâmée l'Eglise romaine.— Mais ce qui surtout nous rend très-précieux ce second fragment, c'est qu'il nous a conservé un témoignage très-explicite du grand Athanase sur la présence réelle dans l'Eucharistie; il est tiré de son discours *aux baptisés*, titre qui ne se trouve pas dans ses œuvres imprimées. Voici ses paroles : « Le baptisé verra les lévites portant le pain et le calice du vin, et préparant la table sacrée; et avant que les prières et les supplications ne soient accomplies, il n'y a que le pain et le calice, mais dès que les grandes et merveilleuses prières sont accomplies, alors *le pain devient corps et le calice sang de notre Seigneur Jésus-Christ*[1].»—Et un peu plus loin : «Arrivons à la confection des mystères : Là est le pain et là est le calice; lesquels, en effet, tant que les prières et les supplications ne sont pas achevées, conservent simplement leur nature ; mais aussitôt que les grandes prières et les saintes supplications sont montées au ciel, *le Verbe descend dans* »

le pain et le calice, et son corps est formé[2].—On ne peut rien voir de plus précis que ces témoignages, qui nous donnent la foi du 4e siècle, saint Athanase ayant été consacré archevêque d'Alexandrie en 326, et étant mort en 373. Nous y retrouvons aussi la foi du 6e siècle par le témoignage d'Eutychius, qui, outre la citation qu'il fait ici d'Athanase, s'exprime ainsi lui-même ailleurs : « Le Christ s'est immolé lui-même mystiquement, dans le tems où, après la cène, recevant le pain, il rendit grâces, l'offrit et le bénit, *se mêlant lui-même au type*. Semblablement, prenant le calice du fruit de la vigne et rendant grâce et l'offrant à Dieu le Père, il dit : *Prenez, mangez; prenez, buvez : ceci est mon corps; ceci est mon sang.* Tous reçoivent donc le saint corps et le précieux sang, quoiqu'ils ne reçoivent qu'une partie du type; car il est divisé indivisiblement entre tous à cause de la commixtion[3].»—Eutychius explique ensuite ce mystère par l'exemple d'un cachet dont toutes les empreintes viennent d'un seul type qni demeure immuable, et par l'exemple de la voix qui est une, la même et indivisible soit dans celui qui parle, soit dans l'air qui la transmet, soit dans les oreilles de tous ceux qui l'entendent, puis il conclut ainsi : «Que personne donc ne mette en doute qu'après le sacrifice mystique et la sainte résurrection, l'incorruptible, l'immortel, le saint vivifiant corps et sang du Seigneur, enfermé dans les types par l'œuvre du sacrifice, que personne, dis-je, ne mette en doute que, de même que dans les précédents exemples, il n'imprime sa vertu aux mêmes types et ne soit en réalité tout dans chacun de ces types. *Car dans le*

---

[1] Ὄψει τοὺς λευίτας φέροντας ἄρτους, καὶ ποτήριον οἴνου, καὶ τιθέντας δὲ τὴν τράπεζαν· καὶ ὅσον οὔπω ἱκεσίαι καὶ δεήσεις γίνονται, ψιλός ἐστιν ὁ ἄρτος καὶ τὸ ποτήριον· ἐπ' ἂν δὲ ἐπιτελεσθῶσιν αἱ μεγάλαι καὶ θαυμασταὶ εὐχαὶ, τότε γίνεται ὁ ἄρτος, σῶμα· καὶ τὸ ποτήριον, αἷμα τοῦ κυρίου ἡμῶν Ἰησοῦ Χριστοῦ (*Script. veteres*, t. IX, p. 625).

[2] Ἔλθωμεν ἐπὶ τὴν τελείωσιν τῶν μυστηρίων· οὗτος ὁ ἄρτος καὶ τοῦτο τὸ ποτήριον, ὅσον οὔπω εὐχαὶ καὶ ἱκεσίαι γεγόνασι, ψιλά εἰσί· ἐπ' ἂν δὲ αἱ μεγάλαι εὐχαὶ, καὶ αἱ ἅγίαι ἱκεσίαι ἀναπεμφθῶσι, καταβαίνει ὁ Λογὸς εἰς τὸν ἄρτον καὶ τὸ ποτήριον, καὶ γίνεται αὐτοῦ τὸ σῶμα (*Ibid.*)

[3] Ἐκμίξας ἑαυτὸν τῷ ἀντιτύπῳ.... Ὅλον οὖν ἅπας τὸ ἅγιον σῶμα καὶ τὸ τίμιον αἷμα τοῦ Κυρίου δέχεται, κἂν εἰ μέρος τούτων δέξηται· μερίζεται γὰρ ἀμερίστως ἐν ἅπασι, διὰ τὴν ἔμμιξιν (*Classici auctores*, t. X, p. 490).

» *corps même du Seigneur habite cor-* » *ticipation du corps et du sang sacrés,*
» *porellement, c'est-à-dire substan-* » *nous rendons grâces et nous nous re-*
» *tiellement, la plénitude de la divi-* » *tirons chacun dans nos demeures*.» —
» *nité du Verbe de Dieu*[1]. Mais la frac- Ces fragmens si précieux font désirer
» tion de ce pain vénérable signifie la que l'on retrouve un jour les autres dis-
» mort : c'est pourquoi il a été appelé cours d'Eutychius. — Autre *fragment*
» la Pâque désirée, comme l'auspice du (C. A. X. 488-493).
» salut, de l'immortalité et de la science   EVAGRIUS, probablement le pa-
» parfaite, et de même qu'à cette époque triarche de Constantinople, vers 370. —
» ils sortirent tous de la cène et se ren- *Fragment sur saint Luc* (S. V. IX. 721-
» dirent sur la montagne des Olives avec 722).
» des cantiques; ainsi nous, après la par-

F

FAC-SIMILE ou *Gravures*, etc. l'écriture du codex du Code civil (S. V.
Type de tous les personnages qui figu- I. 4e part.). — 16. D'un fragment de
rent dans le dialogue de Cicéron sur la Julien. — 17. Des principaux signes ou
république; en tête de A. C. I. — 2. abréviations. — 18. Spécimen du codex
Spécimen paleographique de l'écriture de Symmaque (S. V. I. 5e part.) — 19.
du palimpseste où l'on a découvert l'ou- D'un fragment de S. Hilaire. — 20. Du
vrage de Cicéron (1). — 3. Ecriture des code théodosien et de la loi des Bour-
discours contre Verrès (A. C. II. II). — guignons. — 21. Spécimen du codex de
4. Ecriture d'un ancien interprète de Julius Victor (S. V. I. 6e part.) — 22.
Cicéron (XVI). — 5. Specimen d'un Spécimen de l'écriture des divers monu-
fragment sur les vertus, écrit en notes ments publiés dans S. V. II. — 23. Por-
tyroniennes (A. C. V). — 6. Carte géo- trait de Léon XII. — 24. Spécimen
graphique des expéditions d'Alexandre paléographique d'une lettre de Caius
(A. C. VII). — 7. Planche paléographi- Probus. — 26. Du codex évangélique.
que, comprenant : 8 et 9 Spécimen de — 27. D'un fragment contre les devins.
l'auteur d'un codex du 10e siècle, où ont — 28. De quelques discours ariens. —
été pris les fragments d'Eusèbe (S. V. I.). 29. D'un fragment liturgique. — 30.
— 10. d'un codex syriaque Stranghelo; — Fac-simile des signatures autographes
11. d'un manuscrit en lettres et en lan- des pères du concile de Constantinople,
gue mœsogothique; — 12. d'un codex tenu en 1166. — 31. Les portraits de
très-ancien du Vatican, contenant les Manuel Comnène et de son épouse Ma-
grands et les petits prophètes; sur une rie, en 1166. — 32. Quelques scènes et
des pages est une attestation qui assure quelques inscriptions trouvées dans les
que ce codex a été copié sur un autre catacombes. — 33. Modèle de l'écriture
corrigé de la main de Pamphile Eusèbe tachigraphique ancienne, contenant un
de Césarée, et illustré des scholies du chapitre d'Isidore de Séville, et un frag-
même Eusèbe. — 13. Titre de l'inter- ment de saint Denys, l'aréopagite (S. V.
prétation d'Osée par Théodore Mop- VI.) — 34. Spécimen de l'écriture du co-
sueste. — 14. Spécimen des extraits de dex de Leontius (S. V. VII). — 35.
Polychronius et des interprètes de Da- Fragment d'un codex, écrit en grec-
niel, codex ayant appartenu à Androni- égyptien, ressemblant aux formes cur-
cus Paléologue. — 15. Spécimen de sives du copte. — 36. Spécimen en 6

[1] Μηδεὶς οὖν ἀμφιβολίαν ἐχέτω τὸ ἄφθαρτον μετὰ τὴν μυστικὴν ἱερουργίαν, καὶ τὴν ἁγίαν ἀνάστασιν, καὶ ἀθάνατον, καὶ ἅγιον, καὶ ζωοποιὸν σῶμα καὶ αἷμα τοῦ Κυρίου, τοῖς ἀντιτύποις ἐντιθέμενον, διὰ τῶν ἱερουργιῶν, ἔλαττον τῶν προειρημένων παραδειγμάτων τὰς οἰκείας ἐναπομόργνυσθαι δυνάμεις, ἀλλ' ὅλον ἐν ὅλοις εὑρίσκεσθαι· ἐν αὐτῷ γὰρ τῷ κυριακῷ σώματι κατοικεῖ πᾶν τὸ πλήρωμα τῆς θεότητος τοῦ Λόγου καὶ Θεοῦ σωματικῶς, ὅπέρ ἐστιν οὐσιωδῶς, etc. (*Ibid.*, t. X, p. 491).

planches d'un commentaire sur l'Evangile de saint Jean, écrit en caractères gothiques S. V. VIII à la fin.

FAUSTINUS, évêque du 5e au 6e siècle, peut-être le même que le suivant: *Sermo de Epiphaniâ* (S. R. V. 97-100).

FAUSTUS, évêque de Riez, mort vers 480 : Trois discours : *De Pentecoste ; de sanctâ Trinitate; de Spiritu sancto* (S. R. V. 85-96). A ajouter à ceux du même auteur qui sont imprimés dans la *Bibliothèque de Lyon*, et dans Martenne.

FELIX I, pape, mort en 275 : *Extrait du traité de l'incarnation et de la foi et du verbe* (S. R. III. 702). Opuscule à joindre aux lettres qui sont parmi les décrétales, et à celles que Oldouin, dans son *Athenæum romanum*, dit être manuscrites dans la Bibliothèque d'Arles.

FERRAND, diacre de l'église de Carthage, au commencement du 6e siècle : *Epistula dogmatica adversùs Arianos, aliosque hæreticos* (S. V. III. 169-185). C'est une réfutation très-solide des doctrines d'Arius, et aussi des Photiniens, des Manichéens, des Patripassiens, des Nestoriens et des Eutychiens, dont l'erreur venait de naître. — 2. Fragment *de septem regulis innocentiæ* (S. R. IV. 575-577). Ce fragment est la fin du même opuscule déjà inséré dans Gallandus (t. XI, page 373).

FLORUS, diacre de Lyon, vers le milieu du 9e siècle : *Ad Hyldradum abbatem epistola de psalterii emendatione* (S. V. III. 251-255)—Florus, savant hébraïsant et helléniste, fit une restitution du psautier pour le ramener à la primitive traduction de saint Jérôme. Dans cette lettre il rend compte de ses corrections.

FORTUNAT *Venantius*, poète chrétien, mort vers 600 : *Vers sur la reine Theudechide* (S. R. IX, 63).

FRANCON de Liége, dit le scholastique, vers 1047: *Ex opere de quadraturâ circuli specimen* (G. A. III. 346-348.)

FRONTON (M. Corn.), orateur vers la fin du 2e siècle ; tous ses ouvrages étaient perdus, le savant cardinal a eu le bonheur d'en trouver de nombreuses lettres, lettres jointes à celles de ses contemporains, et en a composé un ouvrage à part sous le titre suivant : *M. Corn. Frontonis et M. Aurelii imperatoris epistolæ.* — Item. L. *Veri, Antonini Pii, et Appiani epistolarum reliquiæ* (Rome 1823 in-8°) avec les portraits de M. Aurèle et de Pie VII, et une planche représentant un *fac-simile* du palimpseste du Vatican, d'où les lettres sont tirées. — Ce volume comprend : 1° Une *préface* où il est traité du double palimpseste de Milan et de Rome; de l'ordre qui y est suivi, de la vie de Fronton et du style épistolaire de M. Aurèle (v-xxxi). — 2. Témoignages des anciens auteurs sur Fronton (XXXI-XXXV) L'ouvrage même de Fronton contient les articles suivants : — 3. Lettres à Marc-Aurèle et ses réponses, en V livres. — 4. Lettres à M. Antonin et ses réponses, en II livres. — 5. Deux fragments de lettres à l'empereur Vérus.—6. Lettres à L. Vérus et ses réponses. —7. Divers traités : de la guerre contre les Parthes ; sur les féries d'Alsium ; sur la perte de son petit-fils; sur Arion ; sur l'éloquence, sur les discours. —8. Lettres à Antonin et ses réponses. —9. Lettres à ses amis, en II livres. — 10. Principes de l'histoire ; louange de la fumée, de la poussière et de la négligence; fragments d'actions de grâces ; mélanges, disputes grammaticales, de la différence des mots, modèles d'élocution. — 11. Tables générales des auteurs, des matières, des mots nouveaux, de la latinité et de l'orthographe.

FULDE (Bibliothèque de) : *Quot et quorum codices fuerint in Bibliothecâ fuldensi* (S. R. V. 242-245). — L'abbaye de Fulde, fondée en 744, reconstruite en 778 dans le diocèse de Mayence, était célèbre par ses études ; le cardinal y fait remarquer, parmi les livres inédits : Faustini *Homiliæ* dont probablement une sur l'*Epiphanie* est éditée ci-dessus.

G

GALATEUS (Antonius), né en 1444, mort en 1517 : *Epistolæ selectæ XX* (S. R. VIII, 523-608). — Galateus, Grec d'origine, fut un des auteurs les plus distingués de cette époque, de manière à mériter le surnom de *philoso-*

phus insignis. Onze de ces lettres concernent l'histoire, et les autres la philosophie ou des sujets divers. Le cardinal les estime dignes des plus grands éloges. Il y relève cependant cette phrase païenne, qui revient souvent sous sa plume : *Dii immortales,* pour parler des anges.

GARGILIUS MARTIALIS, écrivain du 3e siècle : *De Arboribus pomiferis,* avec notice et notes (C. A. I. 387-413). *De pomis, sive medicina ex pomis* (III, 416-426).

GEORGE *Hamartolus,* moine du 9e siècle, avait composé une chronique qui allait jusqu'en 842 : *Fragment sur la science des barbares,* et de Jean-le-Sicilien *sur les différentes religions des peuples;* en grec (S. V. IX. 375-576). — Ces opuscules sont traduits presqu'en entier dans la *préface,* p. XIV. L'auteur fait remarquer des grecs, en particulier, qu'ils excellent dans la dialectique, ce qui nous explique les subtilités de leurs hérésies. Ils avaient, en effet, des traités de logique et des traductions de la dialectique d'Aristote. — On y trouve contre les Grecs un témoignage sur la procession du Saint-Esprit et une autorité à ajouter à celle de ceux qui attribuent à saint Athanase le symbole qui porte son nom.

GEORGE *Sphranza,* chroniqueur, né en 1401, mort en 1478 : *Petite chronique;* en grec (C. A. IX. 1-103). Cette chronique, différente de la *grande chronique* du même auteur, déjà imprimée, s'étend de l'an 1401 à l'an 1477, et est fort intéressante, dit l'éditeur.

GEORGIDIUS le moine, auteur du ... siècle : *Recueil de sentences;* en grec (S. R. VI. 611-615). C'est une collection de sentences extraites de 18 auteurs sacrés ou profanes, parmi lesquels Théopompe, Ménandre, Procope le sophiste, Sévérianus, Chariclée, etc.

GERMAIN (S.), patriarche de Constantinople, en 715. 1. *Narration sur les saints synodes, et sur les hérésies qui se sont élevées depuis la prédication des apôtres;* grec et latin, avec notice dans la préface (S. R. VII. 1-73). — Saint Germain occupa ce siége 14 ans, jusqu'au moment où, Léon l'Isaurien faisant la guerre aux saintes images, il déposa le pallium et se retira dans sa famille, où il mourut dans une grande vieillesse. Ce fut un des premiers défenseurs des saintes images; aussi ses écrits furent amplement loués par le 2e concile de Nicée. Le présent ouvrage renferme de précieux renseignements sur l'histoire ecclésiastique de ce temps, et peut servir à réformer et à compléter Lequien et autres. — 2. *Fragment d'un discours sur la fin de la vie;* en grec (S. V. II. 682-683).

GERMAIN II, patriarche de Constantinople, en 1240. Voir *Arméniens.*

GLOSSAIRES, de différents auteurs et de différentes époques, apportant un grand nombre de mots nouveaux : *Glossarium vetus,* où l'on trouve l'explication de plusieurs mots latins ou nouveaux ou oubliés (C. A. VI. 501-551). — *Index* des auteurs cités dans ce *lexique* (575). — 2. Différents *specimens* de quelques autres *lexiques latins* inédits (576-600). — 3. *Glossæ antiquæ.* Explication de quelques mots latins (C. A. VII. 475-548). — 4. *Glossarium novum latinitatis ex aliquot nostris editionibus et codicibus sumptum* (S. R. IX. I-VI, 1-89). — Ce glossaire, extrait par le cardinal des ouvrages qu'il a édités et des manuscrits qu'il a consultés, ne renferme que des mots qui ne se trouvent pas dans le *Dictionnaire* édité à Padoue par *Furlanettus.* C'est un vrai service rendu à la langue latine que plusieurs auteurs ont trop voulu éplucher et écourter, et ont ainsi appauvrie. — 5. *Excerpta quædam ex priscis grammaticis* (C. A. V. 150-152).

GORDIANUS, évêque, du 7e siècle : *Epistola ad S. Deusdedit, episcopum urbis Romæ* (S. R. VI. 473). — Cette lettre manquait aux recueils de Labbe et de Mansi, et lève les doutes qu'ils avaient sur l'authenticité de la réponse de ce pontife mort, en 616, à Gordianus.

GRACCHUS (*Caius*), mort 121 ans avant J.-C. : *Fragment d'un discours* (C. A. II.).

GRATIANUS (Ant. Maria). *De Despota Valachorum principe,* libri III. (S. R. VIII. 172-218). Gratianus, né en 1537, devint évêque d'Amerina, et secrétaire du pape Sixte V, et fut très-distingué dans les lettres et les affaires. Cet opuscule, fait de main de maître, nous donne l'histoire de Despota, qui gouverna la Valachie de 1560 à 1562. —

2. *De Jacobo Despota fratre* liber 1 (219-234). — 3. *Epistolœ*, libri XI (235-478). Ces lettres traitent de la plupart des affaires du temps compris entre 1566 et 1570; il y a surtout des détails très curieux sur les guerres civiles de la France, de la Belgique et de l'Allemagne. Elles doivent être lues par les historiens.

GREGOIRE (S.) de Nazianze, mort en 390. *Fragments*. (S. R. VI. XXXIV).

GREGOIRE (S.) de Nysse, mort en 394. *Discours contre Arius et Sabellius;* en grec. (S. V. VIII. 1-9). — 2. *Discours sur l'Esprit-Saint contre les macédoniens pneumatomaques;* fragment en grec.(10-25).3. Autre *fragment* (S. R. VI. XXXIII).

GREGOIRE (S.) le thaumaturge, évêque de Néocésarée du Pont, mort en 265. *Fragment extrait d'un discours sur la Trinité*. (S. R. III. 696-699).— 2. Autre *fragment* (VI. XXXIII). — 3. *Exacte exposition de foi;* en grec. (S. V. VII. 170-176). On n'en connaissait que la traduction latine.

GREGOIRE (S.) apôtre des Arméniens, mort vers 335. *Ses Canons*.(S. V. X. 269-270).

GREGOIRE (S.), prêtre, puis patriarche d'Antioche, mort vers 594. Fragment sur ces paroles : *Ceci est mon fils bien-aimé, dans lequel je me suis complu*. On trouve dans ce fragment des choses très-dignes d'attention (C. A. X. 560-570).

GREGOIRE II, pape, dit le jeune, mort en 731. *Oratio de cultu imaginum in concilio III Stephani.*(S.R. VI. XIII-XVI).Il s'agit d'un discours qu'il prononça en faveur du culte des saintes images, discours auquel le pape Adrien Ier renvoyait dans sa *lettre à Charlemagne* (Conc. de Labbe, t. VI, p. 1460). Quelques doutes sont proposés par le cardinal et sur le concile où fut prononcé ce discours, et sur un Claudius de Turin, postérieur de 100 ans, citation peut-être interpolée. Cet extrait est tiré des *Collectanea* d'Albinus le Scolaire.

GREGOIRE le Clerc, mort en . . . *Prologue sur la passion du moine saint Anastase*. (S. R. IV. 283-285).

GREGOIRE *Abulpharage Barhœbrœus*, écrivain jacobite, mort en 1286. *Nomocanon ecclesiœ Antiochenœ Syrorum*, traduit du syriaque en latin par Aloy. Assemani. (S. V. X. 1-128). Cet auteur, l'écrivain le plus distingué des jacobites, naquit vers l'an 1226. Dès son bas âge il cultiva le grec, le syriaque et l'arabe; il étudia la philosophie, la théologie et puis la médecine, dans laquelle il fut très habile; à 20 ans il fut fait évêque jacobite de Guba, d'où il passa l'année suivante au siége de Lacabène, puis en 1252 au siége d'Alep, enfin, en 1264, il fut fait *maphrianus*, c'est-à-dire primat de l'église jacobite, dignité inférieure au patriarchat, mais au-dessus du métropolite; en cette qualité il présidait à l'Orient, c'est-à-dire aux églises de Chaldée, d'Assyrie et de Mésopotamie, qui sont sous la domination du patriarche jacobite d'Antioche, et il garda cette dignité jusqu'en 1286, année de sa mort. — Ses ouvrages sont très-nombreux; celui qui est publié ici comprend deux parties, l'une traitant des choses ecclésiastiques, l'autre des choses laïques, en 40 chapitres. Ces lois se composent des canons des conciles, des constitutions des Pères, des réponses des docteurs de l'Eglise et des lois des empereurs chrétiens, c'est-à-dire du Code justinien, des novelles, des basiliques, et en outre des constitutions et des canons des apôtres, des constitutions de saint Clément et des conciles de Nicée, de Constantinople, d'Ephèse, de Calcédoine, de Néocésarée, d'Ancyre, de Laodicée, d'Antioche et de Gangres, et enfin d'un grand nombre de Pères, dont il cite des œuvres inconnues, et dont on peut voir la liste dans la *préface*, p. xx. C'est donc un ouvrage fort important à consulter par les jurisconsultes et les théologiens. Voici les noms des auteurs dont il a recueilli les canons: *Nersès, Isaac, Jean de Mantucuna, Jean Oznien, Jean Stylite, Sion* le patriarche, *Elisée;* synode des *Arméniens, synode de Tavina*. Voir ces noms.

GUARINI, un des restaurateurs des lettres en Italie, mort en 1460. *Epistolœ tres ad Poggium* (S. R. X. 353).

H

HENRI, évêque de Parme, vers l'an 1015 : *Sermo de paschate Domini* (S. V. VII. 271-273).

HENRI IV, empereur d'Allemagne, mort en 1106; c'est l'adversaire de Grégoire VII : *Epistolarum theutanicarum specimen* (S. R. V. 147-153). Il existe, à la bibliothèque palatino-vaticane, plus de 60 lettres écrites sous le règne de Henri IV, la plupart contenant des documents assez importants. En attendant de les publier toutes, le cardinal en donne ici 5 comme spécimen.

HENRI VIII, roi d'Angleterre et auteur du schisme de ce royaume, mort en 1547 : *Différentes lettres* (S. R. VI. XLI-XLIX).—Ces lettres sont au nombre de 5, écrites à Léon X et au cardinal Sixte; dans ce nombre se trouve celle qu'il écrivit au pape, en lui envoyant son *livre contre Luther*, laquelle est différente de celle qui est imprimée en tête de ce même livre. Quatre exemplaires de cet ouvrage sont à la bibliothèque du Vatican, imprimés, et non manuscrits, comme le dit Roscoe dans sa *Vie de Léon X*; mais dont trois portent la souscription autographe du roi, et l'un avec ce distique également de sa main :

Anglorum rex Henricus Leo, Decime mitt l.
Hoc opus et fidei testem et amicitiæ.

Dans la lettre à Léon X qui accompagnait le livre, on remarque le passage suivant : Après avoir parlé de la lettre qu'il avait écrite aux princes d'Allemagne pour les prémunir contre les erreurs de Luther, publiée par le cardinal dans le vol. III, il ajoute : « Sed, nostro in chris-
» tianam rempublicam ardori, in catho-
» licam fidem zelo, et in apostolicam se-
» dem devotioni non satis adhuc fecisse
» existimantes, propriis quoque nostris
» scriptis quo animo simus in Lutherum,
» quodve de improbis ejus libellis nos-
» trum sit judicium, innuere voluimus,
» omnibusque apertius demonstrare, nos
» sanctam Romanam Ecclesiam non so-
» lum vi et armis, sed etiam ingenii opi-
» bus, christianisque officiis in omne
» tempus defensuros ac tutaturos esse.»
— Le cardinal pense, avec raison, que ce sont ces paroles qui portèrent le pontife à donner à Henri, par une bulle du 5 des ides d'octobre 1521, le titre de *Défenseur de la foi*, dont les rois d'Angleterre se décorent encore. — 2. *Contra Lutherum ejusque hœresim. epistola S. Regis Angliæ ad ill. Saxoniæ duces piè admonitoria* (S. R. III. 744-749). — Cette lettre d'Henri VIII est fort curieuse à cause du ton ferme qu'il emploie vis-à-vis des princes, et à cause des sages prévisions qu'elle contient. Voir *Léon X*.

HERENNIUS, philosophe chrétien vivant en 96.—*Commentaire grec sur la métaphysique d'Aristote*, très-savant et très-subtil, dit l'éditeur. Cet Herennius, est différent de Hérennius Philon (C. A. IX. 513-593).

HESYCHIUS, prêtre de Jérusalem vers 600; discours (en grec) *sur la présentation de notre Seigneur et Sauveur Jésus-Christ*. Ce n'est ici qu'un échantillon du discours de cet Hésychius dont l'illustre auteur prépare une édition critique de toutes les *œuvres*, qu'il donnera bientôt avec celles de saint Sophronius de Jérusalem (C. A. X. 577-585).—2. Fragment d'un *Commentaire sur Dan.* (S. V. 30).

HIEROTHÉE, disciple des apôtres et évêque d'Athènes au 1er siècle. *Fragment* (S. R. III. 704-706).—Hiérothée est souvent nommé dans les écrits de Denys l'aréopagite; le savant cardinal n'émet aucune opinion sur son compte et se contente de renvoyer à Baronius, notes *au martyrologe* du 4 octobre, et à Halloixius, *scrip. orient. vitæ.*

HILAIRE (S), évêque de Poitiers mort en 369. *Témoignage sur la procession du saint Esprit*, extrait de ses *Commentaires sur les épitres de saint Paul*, qui n'existent plus (S. R. VI. XXXV).

HILAIRE (St), évêque d'Arles, mort en 454. *Vers sur une fontaine* (S. V. III. 239).

HINCMAR de Reims, mort en 882. *Carmen dogmaticum ad B. virginem Mariam* (C. A. V. 378).

HIPPOLYTE, probablement l'évêque de Porto, écrivain ecclésiastique, mort martyr en 230. Fragment d'un *Commentaire sur Daniel* (S. V. l. 30).

HOMÈRE vivant vers 907 avant Jésus-Christ. Le savant cardinal a trouvé différentes peintures anciennes qui servent à l'expliquer, et qu'il a publiées sous ce titre : *Picturæ ad Homerum et ad Virgilium pertinentes* (volume in-folio, Rome, 1835). — Ce volume comprend : 1. Deux dissertations où le docte cardinal traite au long de ces monumens de l'antiquité et de leur présente publication. — 2. La partie qui regarde *Homère* se compose de 58 planches trouvées dans les monumens de la bibliothèque Ambroisienne de Milan. — 3. Différens monumens tirés des marbres et des peintures ayant rapport à la guerre de Troyes. — 4. Un *fac-simile* de l'écriture du codex d'Homère, d'où les peintures sont tirées.

I

INNOCENT I, pape mort en 417. Fragment d'une lettre à *Sévérianus évêque de Gabala* (S. R. III. 703-704) à joindre à celles déjà publiées.

INNOCENT III, pape mort en 1216. *Sermones XII* (S. R. VI. 475-564). Ces 12 discours de ce grand pape sont une bonne fortune pour la littérature ecclésiastique, et sont à ajouter aux éditions de ses *OEuvres* de Cologne 1575, et de Venise 1578. — 2. *Dialogus inter Deum et peccatorem* (562-578). C'est un ouvrage où l'on retrouve toute la piété à la fois solide et tendre de ce grand pape. — 3. *Quædem Ædificiorum ac piarum Innocentii III oblationum, largitionumque recensio*, par un anonyme (S. R. VI. 300-312). L'auteur des *Gesta Innocentii III*, que D. Bouquet, Baluze et Muratori, dans son t. III, p. 468-567, de ses *Script. rer. ital.*, ont édités, consacre le dernier chapitre, le 94e, à donner le détail des édifices et des pieuses largesses dus à Innocent III. Mais son dernier historien, M. Hurter, dans la Vie de ce pontife, t. II, p. 846, note 1, fait observer avec raison qu'il n'y est parlé que des 11 premières années du pontificat de ce pape, qui a régné 18 ans; qu'ainsi il y a tout lieu de croire qu'il était incomplet. En effet, dans ses infatigables recherches, le savant cardinal a trouvé du même auteur un catalogue beaucoup plus complet des largesses d'Innocent. C'est un document précieux à ajouter à la vie de ce pontife.

ISAAC I, patriarche d'Arménie, mort en 440, et *Isaac III*, mort en.... *Canons* peu authentiques (S. V. X. 276-290).

ISEE de *Chalcis*, orateur vivant 350 ans avant J.-C. *Discours sur l'héritage de Cléonyme*; grec-latin : (C. A. IV. 280-305). Ce discours avait été déjà publié, mais très mutilé, par Alde.

ISIDORE (S.), évêque de Séville, mort en 636. — 1. *Sur l'orthographe*, en écriture tachigraphique avec explication (S. V. VI, préface). — 2. *Prologus in psalterii editionem*, non encore édité (S. V. III. 256). Voir *Procope*.

INSCRIPTIONS CHRÉTIEN-NES antiques. Un grand nombre d'ouvrages sur les inscriptions chrétiennes, avaient été ou commencés, ou achevés, publiés ou inédits, lorsque Scipion Maffei, dans une *épitre à Benoît XIV*, qu'il mit en tête de son *musée de Vérone*, conseilla à ce pontife de faire une collection des monumens contenant ces précieuses inscriptions. Ce grand pape, à qui la science chrétienne est si redevable, reconnut toute l'utilité de cette collection, et fonda dans la bibliothèque vaticane un *musée chrétien*, où il ordonna de transporter tous les monumens ayant quelque rapport aux croyances chrétiennes que l'on trouverait à Rome ou ailleurs. Mais ces louables prescriptions sont loin d'avoir été mises en pratique; à peine voit-on 140 pierres placées au-dessous des fenêtres de la bibliothèque, dans l'espace qui précéde le Musée Sacré. Maffei lui-même se proposait de consacrer le dernier volume de son grand ouvrage *sur les inscriptions*, aux inscriptions chrétiennes; mais il ne put effectuer ce projet[1]. F. Blanchini sur l'ordre de Benoît XIV s'était aussi occupé de ce projet; ce fut lui qui

---

[1] Voir à la fin de son ouvrage de *Siglis græcis*, p. 133. Vérone, 1746.

conseilla de placer les inscriptions dans le long corridor qui mène des loges à la Bibliothèque vaticane[1] ; Bottari, Aringhi et avant eux Boldetti avaient donné leurs soins à ce recueil. Mais tous ces efforts n'avaient abouti à rien de réel. La gloire en était réservée à Pie VII, par les ordres duquel on couvrit de *marbres à inscriptions* les deux murs de l'*atrium* de *Jules II*, par où l'on pénètre à la Bibliothèque vaticane ; à gauche sont placées les inscriptions chrétiennes, et à droite les païennes. Il y a dans cette collection plus de 1100 pierres inscripturaires ; mais sans ordre, excepté celles qui ont rapport aux Consuls. Les marbres païens sont en bien plus grand nombre et rangés avec beaucoup d'ordre, mais il s'en faut de beaucoup que cette collection soit complète. Tout le monde sait en effet qu'à Rome, on trouve surtout des inscriptions païennes dispersées de toutes parts. Et de plus que d'inscriptions qui ont été détruites ou perdues[2], malgré les soins qu'avaient pris et ordonné de prendre de ces monumens, Nicolas V, Léon X, Eugène IV, Calliste III et Clément XI, qui avaient défendu sous des peines très-sévères[3], de détériorer les inscriptions antiques ! Zaccaria aussi avait promis une collection d'inscriptions chrétiennes et en avait fait un beau programme[4], mais il n'en a donné qu'une faible partie ayant pour titre : *de veterum christianarum inscriptionum in rebus theologicis dissertatio*; excellent petit opuscule, qu'on trouve dans le tome 1er de son *thesaurus theologicus*[5], et que M. l'abbé Migne a fait entrer dans le 5e volume de son *cursus theologiæ*. Mais la plus belle et la plus complète de ces collections est celle qui fut préparée par Gaétan Marini, prédécesseur du cardinal dans la place de préfet de la Bibliothèque vaticane, en 4 volumes grand in-folio

et qui a pour titre : *inscriptiones christianæ latinæ et græcæ, ævi milliarii* ; divisée en deux parties et 32 chapitres. C'est cette collection restée manuscrite que le cardinal commence à publier ici. Des 32 chapitres, il publie les 8 premiers qu'il a éclaircis et annotés et qu'il a bien améliorés et augmentés et dont nous offrons ici les titres.—1. *Inscriptions chrétiennes* comprenant les vœux, les précations, l'éloge des *divorum*, les noms dans les fastes, les cycles. C'est ici que l'on trouve les fragmens d'un *calendrier gothique*, probablement du tems de l'empereur Valens, et dans lequel figure Constantin au 3 de juillet. (S. V. V. 1-73).—2. Inscriptions qui se trouvent sur les autels, les temples, les édifices, les fontaines, ou contenant des donations, etc. (74-208). — 3. Inscriptions rappelant les donations faites aux églises (209-236). — 4. Inscriptions en l'honneur des Augustes, des rois et des dynastes (237-276).—5. Inscriptions en l'honneur d'hommes et de femmes célèbres (277-295).—6. Inscriptions contenant des lois, édifices, lieux publics et privés. C'est ici que se trouve la grande pierre trouvée à Stratonice et à Aix en Provence qui contient un édit de Dioclétien réglant le prix de toutes les marchandises (296-360).—7. *Epitaphes des martyrs*, et de ceux qui d'après une fiole remplie de sang trouvée à leur tombeau ont été mis au nombre des martyrs (361-416).—8. Epitaphes des dames martyres (462).—9. Annotations extraites de Marini (463-472).—10. *Inscriptions chrétiennes* qui se trouvaient anciennement sur le *tombeau de saint Pierre* (S. R. VIII. 70). Ces inscriptions qui étaient inédites, sont au nombre de trois. L'une qui est d'un Français, est conçue en ces termes : *Rufinus Juventius, Gallus, vir inlustris expræf. Urbis pro beneficiis domini apostoli votum solvit.*

J

JACOBITES : *Confession de foi et dispute des Jacobites syriens*, grec-latin (S. V. VI 388-409).

JAMBLIQUE le *syrien*, né vers 115 : *Fragment de ses Babyloniennes ou des amours de Rhodanes et de Si-*

[1] Voir Galletus, *Memorie del card. Passionei*, p. 227.

[2] Voir quelques détails sur cette perte dans Boldetti, *Cimeterii*, etc., l. II, cap. I; et Bottari dans sa *Preface*.

[3] Voir son *Bullaire*, t. II, p. 338.

[4] Voir son *Historia litteraria*, t. IX. p. 306.

[5] *Thesaurus theologicus*, 12 vol. in-4°, Venetiis, 1762.

monide (ou Sinonis) (S. V. II. 348-351)

JANUARII-NEPOTIANI, auteur du .... siècle : *Epitoma librorum Valerii Maximi* (S. V. III. 93-115). — Cet abrégé va jusqu'au livre III, ch. 2. Voici comment il expose le fait de l'expulsion des juifs de la ville de Rome l'an 139 avant J.-C. — « Chaldæos Corne- » lius Hippalus urbe expulit et intra de- » cem dies Italia abire jussit, ne pere- » grinam scientiam venditarent. — Ju- » dæos quoque qui Romanis tradere » sacra sua conati erant, idem Hippalus » urbe exterminavit ; arasque privatas » e publicis locis abjecit (p. 98). » — L'abrégé de Népotianus complète plu- sieurs parties de Valère Maxime. Voir *Julius Paris.*

JEAN. Voir *Leontius.*

JEAN *Clidas* ou *Chilas* V, dit *d'E- phèse*, parce qu'il était métropolite de cette ville, vers la fin du 12e siècle : *Discours composé contre les schisma- tiques, prouvant, par les canons et écrits divers, que, comme l'Eglise est orthodoxe, c'est une chose déraison- nable de se séparer d'elle* (S. R. VI. XVI-XXII). — Il s'agit d'un discours pro- noncé au synode de Constantinople, assemblé sous Andronic II, pour apaiser le schisme élevé entre les partisans d'Arsène et de Joseph, qui se dispu- taient le siège de Constantinople. Le dis- cours, dont on publie ici des extraits, est disert, abondant, plein d'érudition ecclé- siastique, et contredit l'opinion de Le- quien, qui prétendait que Jean n'avait pas assisté à ce concile. Les fragments sont au nombre de trois, et traitent principalement *des avantages de l'u- nion* et du *droit qu'a l'Eglise, quand elle le trouve utile, de changer les canons.*

JEAN *Chrysostome* (S), archevêque de Constantinople, mort en 407 : *Home- lie sur la pentecôte ;* grec-latin (S. R. IV. LXVIII-LXXVI). — Tout porte à croire que cette homélie est vraiment de Jean Chrysostome, dont elle porte le nom dans le codex du Vatican d'où elle est tirée. Il parle des Goths, dont on sait qu'il s'était occupé, ayant fait pour eux plusieurs discours qu'un prêtre goth traduisait à mesure qu'il les prononçait.

JEAN *diacre*, de Naples, vivant vers l'an 903 : *Vita sancti Nicolai Myrensis* (S. R. IV. 323-339). Il était déjà connu par plusieurs autres *vies de saints*, dans les agiographes.

JEAN *Damascène* (S.), prêtre et moine, mort vers l'an 760. 1. *Six hym- nes* ; en grec (S. R. IX. 713-739). — C'est une bonne fortune que la décou- verte de ces hymnes, complétement in- connues jusqu'à ce jour. Elles sont en prose, et célèbrent les louanges des SS. Basile, Jean-Chrysostome, Nicolas de Myre, Georges et Blaise, martyrs. Celle sur saint Pierre est remarquable par les éloges et les titres que ce père grec du 8e siècle donne au pontife de Rome. Il dit en propres termes que « le Christ a » recommandé à Pierre son Eglise ; » qu'il l'a gouvernée avec habileté, » comme un pilote son vaisseau ; » il appelle en outre Pierre « le tuteur de » Rome, le gardien des richesses du » royaume céleste, la pierre de la foi et » le fondement inébranlable de la foi » catholique ; » il fait mention « du se- » cond retour de Pierre à Jérusalem, » sous l'empereur Claude, et aussi de » son triomphe sur Simon le Magicien. » — 2. *Commentaire historique sur le saint et célèbre martyr et thaumaturge Artémius*, extrait de l'histoire ecclésias- tique de *Philostorge* et de quelques au- tres ; en grec (IV. 340-397). — Allatius et Labbe avaient parlé de cet écrit de saint Jean Damascène, mais aucun n'avait songé à en publier le texte. C'est une bonne fortune que la connaissance et la publication de cette partie de l'*Histoire ecclésiastique de Philostorge*, dont Photius n'avait pas parlé, et qui, par conséquent, était tout à fait inconnue. Parmi les faits nouveaux, on y voit que Artémius, que Tillemont (t. VII, p. 731) accuse d'arianisme, était très-orthodoxe. La *Vie d'Artémius*, que Surius a donnée, n'est qu'un extrait tronqué encore de celle-ci. Un autre *fragment de Philos- torge sur Apollinarius* se trouve à la page 424, extrait de Nicétas. — 3. *Té- moignage sur la procession du Saint- Esprit*, extrait de son *canon* sur Ba- sile-le-Grand, retrouvé en entier et qui sera publié par le cardinal (VI. XXXVI). Voir *Jean Zonare, Leontius* et *Théo- dorus Prodromus.*

JEAN *mantacunensis*, vivant au ... siècle : *Canones* (S. V. X. 296-300 et 314-316).

JEAN, moine et prêtre de la ville d'Eubée vers l'an 744 : *Discours sur les saints enfants massacrés à Bethléem, et sur la Pâque*, en grec (C. A. X. 570-576).

JEAN *Ozniensis*, ou le philosophe, vivant au ... siècle : *Canones*. (S. V. X. 302-307).

JEAN *Philoponus*, grammairien du 7e siècle : 1. *Introduction à son commentaire sur l'arithmétique de Nicomaque*, en grec (S. R. II. 392-400). — Jean avait une grande réputation comme grammairien, philosophe et théologien. Le savant cardinal a trouvé plusieurs de ses ouvrages inédits conservés dans une traduction syriaque. En attendant qu'il les publie, il en fait paraître ce fragment, qui contient des extraits de plusieurs auteurs anciens, entre autres d'Aristoclès, d'Androcyde, de Philolaus, etc. — 2. *Notice* de l'éditeur sur une longue *lettre de ce philosophe*, en réponse au traité que l'empereur Justinien avait adressé aux moines d'Alexandrie ; le philosophe y soutient par des raisons philosophiques et naturelles, les erreurs monophysites, qu'il était inutile de transcrire en entier (III. 739-741).

JEAN *Scot*, ou le *Très-Sage*, écrivain du 9e siècle : *Versus ad Carolum calvum* (C. A. V. 375).

JEAN *Sicilien*. Voir *Georgius Hamartolus*.

JEAN *Stylite*, écrivain du 5e siècle : *Interrogationes canonicæ cum responsis Isaaci armenici* (S. V. X. 301).

JEAN *Zonare*, historien et canoniste du 12e siècle : *Commentaire sur les canons, ou Règles, de saint Jean Damascène*, en grec (S. R. V. 384-389).

JÉROME (S.), Père de l'Église, mort en 420 : *Témoignage sur la procession du Père et du Fils*, extrait de son livre *de Trinitate*, qui n'existe plus (S. R. VI. xxxv).—*De fide contra hæreticos* (S. V. I. 156).

JOB, écrivain du 6e siècle : *Discours sur cette question* : Pourquoi le Fils s'est-il incarné, et non le Père et le Saint-Esprit ? (En grec.) — Ce fragment est tiré de l'ouvrage qu'il avait composé en 9 livres sur l'*incarnation*, et dont parle Photius, c. 222 (C. A. X. 601-604).

JULES Ier (S.), pape, mort en 352 : *Écrits dogmatiques*, en grec (S. V. VII.

165-169). — Ces écrits sont apocryphes et paraissent faire partie de ceux que différents auteurs assurent avoir été fabriqués par les monophysites ; l'éditeur en donne la liste dans une *préface*, p. 164.

JULIEN, évêque d'Halicarnasse, chef de la secte des *incorrupticoles* à la fin du 5e siècle : Nombreux *Fragments* en grec, extraits de la Chaîne des Pères (S. R. X. 206-211).

JULIEN de *Laodicée*, écrivain vers 275 : *Fragment* d'un traité sur l'usage que l'on doit faire de l'astrologie pour la conduite d'une armée, en grec (S. V. II. 675-678).

JULIUS PARIS, écrivain vivant au ... siècle : *Epitome librorum decem Valerii Maximi* (S. V. III. 1-92), avec fac-simile. — On ne connaissait que deux courts fragments de cet auteur. Il est publié ici en entier, à l'exception du 10e livre. On ne connaît pas l'époque où il a vécu, mais sa latinité est encore d'un bon temps. Il peut servir à corriger plusieurs leçons fautives de *Valère Maxime*. Entre autres choses, il nous apprend que les adorateurs du *dieu Sabasius* (Sabaoth) *étaient les Juifs*, ce qui n'est pas dans Valère Maxime (I. I, 3, 12), et ce qui avait donné lieu à de nombreuses conjectures. Voici ce passage, qui est curieux en ce qu'il nous apprend la première persécution des Romains contre le vrai Dieu, l'an de Rome 615, et l'an 139 avant J. C. : « Cn. Cor-
» nelius Hispalus prætor peregrinus (615-
» 139), et M. Pompilio Laenate, L. Cal-
» purnio (Pisone) Coss. edicto Chaldæos
» circa decimum diem abire, ex urbe
» atque Italiâ jussit, levibus et ineptis
» ingeniis, fallaci siderum interpreta-
» tione, quæstuosam mendaciis suis ca-
» liginem inicientes. Idem Judæos qui
» Sabazi (ou Zabazi) Jovis cultu, romanos
» inficere mores conati erant, repetere
» domos suas coëgit. » (p. 7.) Voir *Januarius Nepotianus*.

JULIUS *Tatianus*, écrivain du ... siècle : *Fragments sur l'Etna* (S. V. III. 239).

JULIUS *Valerius*, écrivain au moins du 4e siècle : 1. *Res gestæ Alexandri macedonis translatæ ex Æsopo græco*. Cet opuscule, bien que contenant quelques fables, est surtout précieux pour les détails qu'il donne sur les arts et sciences égyptiens (C. A. VII. 59-239). — 2. *Index* des principales matières (240-246). — 3. *De rebus gestis Alexandri Macedonis supplementa quædam* (S. R. VIII. 513-522). — Supplément à cet opuscule du même auteur.

JULIUS *Victor*, Gaulois païen, écrivant probablement au 4e siècle : *Ars Rhetorica ex Hermagorâ, Cicerone, Quintiliano, Aquilio, Marcomanno, Tatiano, in XXVII paragraphos distributa.* On y cite, en outre, quelques auteurs inconnus : Cicéron *pro Fonteio, contra contionem Metelli et Epistola ad Axium* : les *Sabines* d'Ennius ; le discours de *G. Fannius in Gracchum*,

L

LAELIUS (D.), orateur romain au milieu du 4er siècle avant J.-C. : *Fragment d'un discours* (C. A. II).

LAMPETIUS, vivant au 11 siècle : Mention de ses *parasites* (S. V. I. 28).

LAURENT, moine du mont Cassin, et évêque vers 950 : *Sermo in vigiliis sancti patris Benedicti.* (S. R. V. 123-128). — Pierre le Diacre parle de lui et de ce discours, mais ne désigne pas le lieu dont il était évêque.

LEON (S.), pape, mort en 461 : *Témoignage sur la procession du Saint-Esprit* (S. R. VI. xxxvi).

LEON *le Prêtre*, ou *le Clerc*, vivant l'an 1006 : 1. *Prologus ad passionem sanctorum martyrum Rufi et Respicii* (S. R. IV. 290-293). — 2. *Prologus in vitam sancti Johannis Chrysostomi* (V. 153-157). — Le cardinal ne donne que le *Prologue*, parce que la Vie extraite de Métaphraste a déjà été publiée, quant au fond, par Surius.

LEON X, pape, mort en 1521 : *Lettre à Henri VIII*, en réponse à une lettre où le roi lui annonçait la nomination de Cuthbert Tunstal à l'évêché de Londres (S. R. III. 749-750). — Voir *Henri VIII*.

LEONIDAS. Voir *Théodore Mopsuete.*

LEONTIUS *de Jérusalem*, vers la fin du 6e siècle. — 1. *Réfutation des objections faites par les Nestoriens contre les catholiques* ; en grec (S. V. IX. 410-610). Léontius, natif de By-

et *Caton* (S. V. I. 1-74).

JUSTINIEN Ier, empereur, mort en 565 : *Traité contre les monophysites* ; en grec (S. V. VII. 292-313). — On y remarque un éclatant témoignage sur l'orthodoxie perpétuelle des pontifes romains, tandis qu'au contraire il y a eu tant d'hérétiques sur les autres siéges patriarchaux (ἀλλὰ τὴν ὀρθὴν καὶ ἀληθεινὴν μέχρι σήμερον διεφύλαξαν δόξαν, p. 304). Cet opuscule est, en outre, précieux par le grand nombre de passages inédits des pères qu'il nous fait connaître.

JUVENAL, poëte au 2e siècle : *Specimen* d'un fragment de la 18e *satyre*, et sur d'autres *fragments* (A. C. III. v-xx).

sance, fut moine dans la Laure de Saint-Saba, près de Jérusalem, dont il prit le nom : il se distingua surtout par ses défenses contre les Monophysites et les Nestoriens, deux sectes opposées entr'elles. On avait déjà quelques-uns de ses travaux, qui ont été recueillis par Gallandus dans le tome XII de sa *Bibliothèque.* Le présent traité est en particulier dirigé contre les Nestoriens, qu'il attaque avec beaucoup de logique. Il traite dans son 1er livre de l'union de la nature divine du Verbe avec la nature humaine ; dans le 2e, de la personne unique du Christ ; dans le 3e, du Christ fils unique ; dans le 4e, de la Vierge mère de Dieu ; dans le 5e, du Christ Dieu et homme ; dans le 6e, du Christ non point *homme portant Dieu*, mais *Dieu humanisé* ; dans le 7e, de cette parole : *une seule personne de la sainte Trinité a souffert dans la chair* ; dans le 8e, il était traité de l'erreur des Nestoriens, qui niaient l'union hypostatique du Verbe et lui attribuaient on ne sait quelle union d'honneur, de domination, d'affection, etc. ; mais ce 8e livre manque ; tout ce traité doit être lu par les théologiens et par tous ceux qui voudront écrire sur le Nestorianisme. — 2. *Traité de Léontius de Jérusalem contre les monophysites*, en grec (VII. 110-155). On y trouve plusieurs témoignages précieux et inédits des pères. — 3. *Trois livres contre les Nestoriens, les Eutychiens, les Sévériens, les In-*

corrupticoles et les Apollinaristes; en grec (S. R. X. 1-151). Ces traités existaient déjà, en latin seulement, dans Canisius. Le cardinal y a joint d'excellentes notes où il réfute un des éditeurs de Léontius, le protestant Basnage.

LEONTIUS et JEAN, vivant au... siècle.—*Sur les choses sacrées;* en grec (S. V. VII. 76-109). Opuscule dirigé contre les origénistes, et rempli de notes savantes et de détails curieux sur les doctrines égyptiennes.

LIBANIUS, orateur payen, mort vers 375. — 1. Quatre *petits discours;* en grec (S. R. II. 388-391). Ces fragments sont plutôt de *Choricius.* — 2. frag. en *faveur des temples payens;* à la fin de l'ouvrage de *Fronton.*

LITURGIE. *Fragment* (S. V. 247-248), avec *fac simile.*

LUCIUS (St), archidiacre, écrivant vers le 7e ou 8e siècle. *De translatione corporis Stephani protomartyris, pridie nonas maii;* de Constantinople à Rome, sous le pontificat de Pélage vers 556 (S. R. IV. 285-288).

LUCIUS *Verus Commodus,* empereur, mort en 192. Voir *Fronton.*

LUCULENTIUS, vivant au... siècle. *In aliquot N. Testamenti partes commentarii* (S. V. IX. 189-256). C'est un auteur grave, doué d'une grande perspicacité, et orthodoxe sur les dogmes et la morale, mais dont on ignore l'époque et la qualité. Son commentaire est sur saint Matthieu, saint Jean, les Épitres de saint Paul et la 1re de saint Pierre. On peut inférer cependant qu'il est d'une haute antiquité, en ce que dans plusieurs passages il réfute les ariens; il nous apprend (p. 214 et 224) qu'ils appelaient le Père *major,* le Fils *minor* et le Saint-Esprit *perminor,* mot nouveau. On y voit un témoignage très-clair de la présence du Christ dans l'Eucharistie, p. 253 : « *Fidelibus suis corpus et sanguinem suum dat comedendum ipse qui dicit : ego sum panis vivus,* etc.; et plus loin : *Iturus ad passionem discipulis ait: hoc est corpus meum quod pro vobis traditur.* Le codex d'où il est tiré est du 12e siècle. Les lexicographes pourront y trouver plusieurs mots nouveaux.

M

MACAIRE (S.) de *Jérusalem,* vivant au 13e siècle. *Canons,* faits sur la demande de Vartan, évêque arménien, mort en 1271 (S. V. X. 270-272). Voir *Canons,* n° 3.

MAI, son éminence le cardinal : éditeur de toute cette *collection. Principaux gestes de Léon XII* (S. V. II).

MANUEL II, patriarche de Constantinople en 1248. Voir *Arméniens.*

MARC (S.), pape mort en 339. *Prologus de vitâ sancti Marci papæ,* par un anonyme (S. R. IV. 298-300).

MARC AURÈLE empereur, mort en 180. Voir *Fronton.*

MARINI (Gaétan), bibliothécaire du vatican, mort à Paris en 1815. *Préface* mise en tête de son ouvrage inédit, *de Inscriptionibus doliaribus,* en italien (S. V. VII. 163-168). Cette préface fait désirer vivement de voir paraître l'ouvrage même qui reste manuscrit dans la bibliothèque du Vatican, et dont monseigneur Mai n'a donné que huit chapitres. Voir *Inscriptions chrétiennes.*

MARTIN, évêque de Brácara, en Espagne, mort en 580. *De origine idolorum* (C. A. III. 379-384). Voir la préface, p. XVII.

MASSARELLUS (Angelus), évêque de Telesa dans le royaume de Naples, au 16e siècle. *De modis seu formis per diversa tempora observatis in electione pontificum maximorum a divo Petro usque ad Julium III* (S. R. IX. 518-530). Massarellus fut longtemps le secrétaire du concile de Trente et tint le journal des délibérations, dont s'est souvent servi Palavicin dans son *Histoire* de ce concile. Cet opuscule est clair et commode à consulter, surtout avec les *annotations* que le cardinal y a jointes.

MATRANGA (l'abbé Pierre), sous-recteur actuel du collége grec à Rome, et éditeur des *vers anacréontiques de Sophronius. Préface* adressée au savant cardinal. Le docte prêtre nous y apprend que c'est aux encouragements et aux leçons du savant cardinal Mai qu'il doit de s'être occupé de cette publication ; ce qui nous prouve que Son Eminence non-seulement consacre ses loisirs à ces belles sciences, mais encore travaille à former des disciples qui continuent son œuvre. Dans cette *préface* M. l'abbé Matranga parle en outre des différens codex où se trouvent ces poésies, des auteurs qui en ont parlé, des corrections qu'il a faites ; il y a joint de plus un savant traité du mètre employé par Sophronius.—1. *Index* de toutes les odes contenues dans le codex Barberin ; en grec (S. R. IV. xxxvi-xl).—2. *Animadversiones criticæ et philologicæ ad odas anacreonticas sancti Sophronii* (585-619). — 3. *Traduction littérale latine de toutes les odes de Sophronius* (619-643). Voir *Sophronius.*

MENANDRE, poète, mort 292 ans avant J.-C. Voir *Georgidius.*

MENANDRE (de Bysance), historien écrivant vers 690. *Fragment de ses histoires* (S. V. II. 352-366). Cette histoire était en 8 livres, de l'an 560 à l'an 582.

MERCURIUS, moine et médecin, vivant au ... siècle. *Fragment sur les pulsations* (C. A. IV. xiii-xiv).

METHODIUS (S.), patriarche de Constantinople, vers l'an 842 et confesseur. *Fragmens divers*, en grec (S. R. VI. xxii-xxvi). Il existe de lui un traité Διαθήκης ἐπιτελευτίον contre les moines studites, et dont le cardinal cite un fragment.—2. Il donne de plus, en entier, le texte grec de la *Lettre contre les moines studites*, qu'il avait déjà donnée en abrégé dans le t. iii, p. 256, de ses *Script. veteres.* — 3. Un autre *Fragment sur l'avantage de l'unité de l'Eglise et l'obéissance due aux pasteurs.* — 4. Un autre passage cité dans une note prouve que les *Menées grecques* ont induit les historiens ecclésiastiques en erreur lorsqu'elles ont assuré que S. Epiphane, évêque de Chypre, avait été l'ennemi de S. Jean Chrysostome, et qu'il avait souscrit au synode assemblé contre lui. Voici ce passage curieux en ce qu'il nous découvre les emportemens de cette impératrice Eudoxie, qui menaçait ouvertement de rouvrir les temples des idoles, si l'on ne chassait pas S. Jean Chrysostome. «Nous apprenons que » S. Epiphane, évêque de Chypre, » montre un zèle égal et une invinci- » ble fermeté contre l'impératrice Eu- » doxie. Car, comme elle menaçait de » rouvrir les temples des idoles, si » Chrysostome n'était pas exilé, le saint » évêque n'en changea pas de senti- » ment, mais il se retira, disant : Je suis » innocent de cette décision ; et laissant » l'impératrice pleine de fureur.»

METHODIUS le moine, vivant au 13e siècle : *Traité* où il démontre que les peuples ne doivent jamais se séparer de leurs pasteurs orthodoxes, quand même leur élection serait entachée de quelque intrigue ; grec-latin (S. V. III. 247-264). Le schisme dont il s'agit ici est celui qui régna dans l'Eglise de Bysance entre les partisans d'Arsène et de Joseph. L'ouvrage de Méthodius, traduit en latin par le savant cardinal, est précieux pour le grand nombre d'auteurs ecclésiastiques qu'il cite : On y apprend en particulier (249) qu'Innocent n'anathématisa pas Théophile, et que par conséquent la lettre de ce pontife relatée par Nicéphore Calliste (*Hist.* xiii. n. 34.) est fausse, comme on le conjecturait.

METRORIUS Maximinus, écrivain du ..... siècle. *De longis et brevibus*, etc., etc. (C. A. III. 504-511).

MYTHOGRAPHES. — 1. *Mythographus primus* distribué en 3 livres (A. C. III. 1-82). — 2. *Mythographus secundus* (83-160) ; supplément au même (365-374). — 3. *Mythographus tertius de Diis gentium et illorum allegoriis* (161-277). Supplément au même (375-379). L'auteur est un chrétien du 9e ou du 10e siècle, qui se nommait probablement *Leontius.* — Et de plus une préface et des *indices* des auteurs et des matières. — Voir *Nonnus.*

N

NAZAIRE (S.) de *Lorsh*, ou *Lorch* (Bibliothèque de) (S. R. V. 161-200). Le monastère de Saint-Nazaire, dans le Palatinat du Rhin, fut fondé vers l'an

760 par saint Chrodegang, évêque de Metz. Le catalogue est du 11e siècle. Parmi les livres qui existaient alors et qui ne sont pas imprimés, il désigne : — *Auteurs profanes.* 1. Cælii Aureliani Methodici siccensis, *Medicinalium responsionum libri* III.—2. Metrorii *Ars de omnibus partibus orationis et caesuris.* — 3. *Grammatica* cujusdam sapientis. —4. Tatuini *Ars grammatica.* — 5. Anonymi *Super Bucolicon Virgilii.* — 6. Fabii Laurentii *liber de rhetorica;* lequel est le même probablement que l'auteur édité, Fabius Marius Victorinus. — 7. Anthimi viri illustris et legatarii, *Ad Theodoricum regem Francorum epistola de observatione ciborum.*—8. *Liber* Socratis, Timæi, Cretii, Hermocratis. — 9. Severi episcopi *Eclogae* x; probablement le même que celui dont il existe un *Carmen de mortibus boum,* dans le t. i, p. 576, des *Poetæ minores* de Lemaire. — 10. Ejusdem *Georgicon libri* IV. — 11. Cresconii *de Diis gentium luculentissimum carmen.* —12. Dracontii *Metrum de virginitate.* — 13. *Liber grandis glossarum,* ex dictis diversorum coadunatus.—14. *Glossae in quaternionibus.* — 15. Palæmonis Grammatici *glossæ.* — 16. M. Catonis *libri* v; peut-être le précieux ouvrage des *Origines,* qui avait VII livres. — 17. *Liber medicinalis de diaeta et virtute herbarum.*

Auteurs sacrés. 1. Tagii, vel Taii, cognomento Samuelis, *Collectiones ex operibus SS. Augustini, Ambrosii et aliorum.*—2. Evagrii *Altercatio inter Theophilum christianum et Simonem judæum.* —3. S. Ambrosii *Epistola ad S. Augustinum de hœresibus.* — 5. Prosperi *Excerptio ex libris S. Augustini de Trinitate.* — S. Severini episcopi *Doctrina.* —7. S. Ambrosii *Altercatio contra eos qui animam non confitentur esse facturam.* — 8. Hieronymi *Parvula adbreviatio in capitulis paucis in Esaiam.* — 9. *Symboli Nicaeni expositio.* —10. S. Ambrosii *Expositio Symboli.* Item. S. Hieronymi *de fide contra haereticos;* probablement les mêmes que ceux édités par le cardinal dans *Script. vet.* t. i, part. 1re, p. 156. — Wicbodi *Collectio ex Patribus in Pentateuchum.* — 12. S. Fulgentii *Excerptio ex libris S. Au-*

gustini contra Fulgentium Donatistam: Item *de Symbolo et deitate.* Item *Expositio Symboli contra Judaeos, paganos, et arianos.* —13. *Excerptio cuiusdam sapientis super Epistolam ad Hebraeos.* — S. Ambrosii *Sermones quatuor de apostolicâ electione,* ou *lectione;* ejusdem *Sermo ad consolandam viduam.* — 15. Jacobi *episcopi libri* v; probablement le *Jacobus* évêque de Nisibe. — 16. *Sententiæ de diversis utilitatibus.* — 17. Alcuini *in epistolam ad Hebraeos.* —18. Ejusdem *super Psalmos.*—19. S. Fulgentii *de Spiritu sancto ad Bragil. presbyterum liber unus.* — 20. Timothei *ad Ecclesiam libri* IV. — 21. Theophili *episcopi Alex. contra Origenistas.*— 2. S. Silvestri papæ, *Canonum constitutum,* etc. — 23. Candidi presbyteri *de Passione Domini.* — Anonymi *Expositio super Esaiam.* — 2. Josephi scoti, *Excerptio super Esaiam.* —26. Fausti episcopi *de Spiritu sancto;* cet ouvrage existe encore, mais a été attribué au diacre Paschasius. — 27. *Altercatio Judaeæ et Ecclesiæ,* etc. — 28. Victorini *Liber in Liviticum.* — 29. *Liber epistolarum* Senatoris diaconi, postea presbyteri; Cassiodore, sans doute. — 30. Bedæ *hymni* LXXVII. — 31. Severi episcopi *Metrum in Evangelium, libri* XII. —32. Cresconii *Metrum in Evangelium, liber unus.*—33. Ejusdem *Versus de principio* (an *fine*) *mundi,* vel *die judicii, et resurrectione carnis.* — 34. Cypriani *Metrum super heptateuchum, libros regum, Esther, Judith et Machabœorum.* — 35. *Liber Sententiarum.* — 36. *Epitaphia seu ceteri versus in quaternionibus.* — 37. Scoti *Expositio in Job.*—38. Ricbodoni episcopi *Adunatio, et hymni, et annalis.*—39. *Epistolarum diversorum patrum et regum* liber Treviris inventus. — 4. *Epistolæ diversæ* (ab ?) *imperatoribus missæ contra hæreticos, et eorum definitiones cum sanctis patribus.*

NERSÈS, patriarche des Arméniens, mort en 1198 : — 1. *Extraits de ses Epîtres* (S. V. VI. 415-424). — Ces lettres, traduites et abrégées de l'arménien, sont curieuses et importantes pour l'histoire de cette religion. (Voir *Theorianus.*) — 2. Ses *Canons* (S. V. X. 272-276).

NICÉE. *Confession de foi des pères de Nicée* contre Paul de Samosate; hérétique condamné en 270; en grec (S. V. VII. 162). — Voir ce nom.

NICÉPHORE *de Constantinople*, mort en 828 : *Deux traités*; en grec (S. R. X. 153). — Ce sont des traités contre les iconomaques, ou briseurs d'images. Il prouve que l'image du Christ est plus vénérable que la croix même. Ces opuscules existaient seulement dans Canisius.

NICÉPHORE *Blemmydas*, moine distingué, vivant vers l'an 1255 : *Discours sur la manière dont un roi doit se comporter*: — Il y a ici deux exemplaires de ce discours, l'un paraphrasé par un étranger, l'autre, qui est de Nicéphore même; grec-latin (S.V. II. 609-670).

NICÉPHORE *le Clerc*, vivant au... siècle : *Prologus in translationem sancti Nicolai confessoris* (S. R. IV. 297-298).

NICÉTAS *Choniates*, historien, mort en 1206 : *Extrait de son Thrésor de la foi orthodoxe*; en grec (S. R. IV. 298-498). — Les savants ont parlé souvent de son *Thrésor de la foi orthodoxe*, composé dans son exil, après que les Latins se furent emparés de Constantinople. Montfaucon, dans sa *Paléographie grecque*, avait déjà donné les *arguments* des 27 livres dont se compose l'ouvrage; Morel avait publié la *traduction latine* des 5 premiers livres. La publication et la traduction de son ouvrage seraient bien à désirer; mais le savant cardinal, ne pouvant en ce moment l'entreprendre, en publie au moins de nombreux extraits à partir du 6e livre, où il est surtout question de l'hérésie de Macédonius. — 1. Sur Macédonius. — 2. Sur Nestorius. — 3. Sur Eutychès. — 4. Sur le 5e concile. — 5. Sur les incorrupticoles. — 6. Sur le 6e concile. — 7. Sur l'hérésie des Arméniens, où le savant cardinal cite un écrit manuscrit de Nicéphore, patriarche de Constantinople, qui réfute une de leurs erreurs, celle de oindre les cadavres avec l'huile sainte. — 8. Sur les Agaréniens. — 9. Sur les Lizicianiens, anciens hérétiques.

NICÉTAS, diacre de Constantinople, évêque de Serra en Macédoine au 11e siècle : *Chaînes des anciens pères sur l'Evangile de saint Luc*; en grec (S. V. IX. 626-720). Plusieurs des auteurs et pères qu'il cite étaient inconnus. — *Index des pères cités dans les chaînes de Nicétas*, au nombre de 35.

NICÉTAS (S.), évêque d'Aquilée au ..... siècle : — 1. *De Ratione fidei*. — 2. *De Spiritûs sancti potentiâ seu personâ*. — 3. *De diversis appellationibus D. N. Jesu-Christi convenientibus*. — 4. *Explanatio fidei ad competentes*. — 5. *Sex alia fragmenta* (S. V. VII. 314-340). — Dans ces traités fort importants, Nicétas se sert d'une version latine de l'Ecriture différente de la vulgate. Dans le texte qu'il cite, il y a le *hunc audite* (316), qui manque dans quelques exemplaires grecs; on y trouve aussi une note extraite d'anciens manuscrits sur ce que c'étaient que les *competentes*.

NICÉTAS, évêque de Dadybron au ... siècle : *Fragment d'un Commentaire sur les poésies de saint Grégoire de Nazianze*; en grec (S. R. V. 397-401). — Ce n'est que comme spécimen que le savant cardinal donne ce fragment. Les codex du Vatican renferment encore de nombreux opuscules, qui, il faut l'espérer, seront publiés un jour.

NICOLAS, archevêque de Constantinople, mort en 925 : 1. *Ses lettres, au nombre de* 165; en grec (S. R. X. 153-440). — Ce Nicolas, Italien de naissance, monta sur le siége de Constantinople, sous le règne de Léon-le-Sage, l'an 895, seulement quatre ans après la mort de Photius. Chassé de son siége, neuf ans après, par le même Léon, dont il ne voulait pas approuver les quatrièmes noces, il n'y remonta qu'en 911, sous le règne d'Alexandre, frère de Léon; il mourut enfin en 925, après avoir occupé le siége épiscopal 23 ans, sans compter les années de son exil. C'était un homme de mœurs et de doctrines si pures, que les Grecs et les Latins lui ont donné le titre de saint. On comprend de quelle importance sont pour l'histoire, la discipline ecclésiastique et la théologie, les nombreuses lettres que le savant cardinal publie ici. Toutes étaient inédites, à l'exception de sept données par extrait, et encore d'une manière infidèle. — Ces lettres sont divisées en sept classes :

1º aux princes sarrazins ; 2º au prince et à l'archevêque de Bulgarie ; 3º au pontife romain ou aux prêtres de son Eglise ; 4º à l'empereur de Byzance, ou aux princes d'Arménie, d'Abasgie, de Lombardie et d'Amalphi ; 5º aux évêques ; 6º aux magistrats civils ; 7º à divers. Il est bien à désirer que ces lettres soient traduites et publiées à part. Les historiens y puiseront de nombreuses notions : 2. *Traité de la vie chrétienne, et en particulier de la vie monastique ;* en grec (S. V. IX. 611-618). — Avant son pontificat, Nicolas était moine, et remplissait à la cour de Constantinople la charge de *mysticus*, ou secrétaire intime. Son travail est un monument court, mais important de la sévérité de la vie monastique.

NILUS (S), moine, mort vers 450. — Voir *Procope.*

NONANTULA (Bibliothèque de) en 1160 : *Notitia codicum monasterii No-nantulani* (S. R. V. 218-221). Le monastère de Nonantula, dans le diocèse de Trèves, fut fondé vers 713. Ce catalogue est de l'an 1166 ; parmi les livres qui y existaient encore, et maintenant perdus ou inédits, le cardinal signale : 1º Sancti Remigii, *Tractatus varii ;* c'est sans doute saint Remi d'Autun, dont le cardinal a trouvé un grand nombre d'écrits inédits. — 2. Ambrosii, *De Baptismo.* — 3. Gregorii, *In Esaiam volumen unum.*

NONNUS (l'abbé), vivant vers le 5e siècle : *Collection et interprétation des histoires profanes dont fait mention saint Grégoire de Nazianze, dans son discours sur saint Bazile, et dans celui sur les saintes lumières ;* en grec (S. R. II. 374-387). — C'est un nouvel opuscule mythologique à joindre à ceux du même auteur déjà édités par Richard Montaigu, dans son édition de saint Grégoire, et aux autres mythologues grecs.

O

ODORAMNUS, moine, mort en 1045 : *Opuscula* (S. R. IX. 58-97). — Odoramnus eut beaucoup de crédit sous le roi Robert. Duchesne et Mabillon avaient déjà publié quelques-uns de ses opuscules, mais ceux que donne ici le cardinal sont bien plus importants. Ces opuscules sont au nombre de 13 ; on y trouve des notions curieuses sur l'histoire, la musique, la physique et la science biblique à cette époque. On peut voir dans le 8e la forme de l'élection d'un évêque. — 2. *Epitaphes* en vers de cinq archevêques de Sens, morts de 810 à 995, d'un abbé et d'un comte-moine, lesquelles sont peut-être d'Odoramnus lui-même (102-104).

ORESTES, poète du ... siècle : *Fragment* de 51 vers d'un poème latin ayant pour titre *Orestis fabula*, qui est conservé entier dans la bibliothèque de Milan au nombre d'environ 1,000 vers, et trouvé, dit-on, par *Henochus asculanius.* Si ce poème est vraiment ancien, comme la lecture de l'ouvrage entier le fera voir, il doit prendre une place distinguée dans les éditions des *poetæ minores* (S. R. I. xxiv-xxvi).

ORIBASIUS, médecin, mort vers 370 : 1. *Livres* inédits de sa *Collection médicale* (en grec seulement avec *index* latin). Ce sont les livres 44, 45, 48 et 49. Les fragments édités par Mgr Mai sont tous des extraits des médecins grecs plus anciens, dont Oribasius nous a conservé des fragments (C. A. IV. 1-198). — 2. *Notice* sur les livres 24 et 25, p. 279.

ORIGENE, docteur de l'Eglise, mort en 252. — 1. Fragment sur le lévitique ; en grec (C. A. X. 600). — 2. *Sur saint Luc* (474-482). — 3. *Sur Daniel* (S. V. I. 30). — Voir *Procope.*

P

PALAVICINI *Sforza*, cardinal, mort en 1667 : *Discorso se il principe debba essere letterato* (S. R. VI. 616-640). — C'est un opuscule très-élégant du fameux cardinal pour prouver que les lettres et la science ne peuvent qu'ajouter aux qualités que doit avoir un prince pour bien gouverner ses états.

PANVINIUS *Onuphrius*, fécond écrivain, mort en 1568. 1. *De ecclesiis christianorum*, *Liber unicus* (S. R. IX. 141-180). — Panvinius, né à Vérone en 1530, mort à Parme en 1568, âgé d'un peu moins de 40 ans, fut un des érudits les plus savants et un des écrivains les plus féconds qui aient existé. Il avait eu en vue de faire deux choses : la première, de traiter en 100 livres de toutes les antiquités et histoires générales et particulières de Rome ; la deuxième, de donner un recueil complet des antiquités chrétiennes ; mais la mort l'empêcha d'accomplir ces grands projets. Cependant plusieurs parties étaient finies ; les unes ont déjà été imprimées, et plusieurs sont encore manuscrites dans la bibliothèque vaticane. Le savant cardinal en publie ici un grand nombre que nous allons continuer à citer. Le présent livre, en 9 chapitres, renferme des choses très-curieuses sur les premières églises de la chrétienté et sur les cérémonies qui y avaient lieu. — 2. *De sacrosanctâ basilicâ, baptisterio et patriarchio Lateranensi*, libri v (184-191). Le cardinal ne publie ici que le 2ᵉ chapitre du 1ᵉʳ livre de ce bel ouvrage, ainsi que la dédicace au chapitre de Latran, laquelle contient les titres de tous les chapitres. Ce 2ᵉ chapitre est intitulé : *De basilicâ Lateranensi, et hujus vocis origine, et Lateranorum ædibus.* La raison est d'abord que Panvinius lui-même a fait un abrégé de son grand travail dans l'ouvrage italien *sur les sept principales églises de Rome*, qui parut à Rome en 1570 ; mais surtout parce que l'ouvrage de Panvinius a été presque transporté en entier dans le livre que César Rasponius publia près de 100 ans après Panvinius, *sur la basilique et le patriarchat de Latran*, et offrit à Alexandre VII ; ouvrage où il a puisé à pleines mains dans le manuscrit de Panvinius, qu'il ne cite pas assez souvent. Le cardinal désire voir quelqu'un publier l'ouvrage entier. — 3. *De rebus antiquis memorabilibus et præstantiâ basilicæ sancti Petri, apostolorum principis*, libri vii (192-382). L'ouvrage de Panvinius, bien que non achevé, méritait à tous égards d'être imprimé. Tous ceux qui s'occupent des antiquités de cette vénérable basilique vaticane, y trouveront de quoi faire une moisson abondante. Le cardinal en a fait un choix judicieux, retranchant ce qui était ou déjà publié à part, ou ce qui était traité par Panvinius d'une manière plus détaillée dans d'autres ouvrages. — 4. *De cardinalium origine*, liber 1 (469-511). — 5. *De sacrorum cleri ordinum origine* (512-515). Un extrait seulement. — 6. *De variâ romani pontificis creatione* (515-517). Panvinius n'a jamais achevé cet ouvrage qu'il avait d'abord divisé en 10 livres ; mais il en avait fait un abrégé, qu'il avait dédié à Pie IV. En examinant tous ces travaux, le savant cardinal s'est aperçu qu'ils n'étaient qu'à l'état d'ébauche, et que même ce qui était fait manquait souvent de critique ; aussi il ne publie ici que la *dédicace* à Pie IV et un extrait de *l'épitre au lecteur*, plus un *sommaire* (530-532), mais à la place il donne l'opuscule de *Massarellus*. Voir ce nom. — 7. *Notice sur l'histoire ecclésiastique*, en 4 vol., depuis saint Pierre jusqu'à Pie V ; extrait concernant les *rites* et les *sacrements* (532-534). — 8. Autre *Notice sur les* 100 *livres de ses Antiquités romaines*, avec les titres des 12 livres contenant les *inscriptions*, et ceux des 10 livres de son *Histoire romaine* (534-549). — 9. *Lettre à Laurinus et à Goltzius sur divers points d'antiquités* (541-547). Il y avertit ces savants, avec une urbanité parfaite, qu'ils prêtent le flanc à de nombreuses critiques, et qu'ils veuillent bien, par conséquent, peser leurs paroles avant de l'attaquer. — 10. *Notice* sur les *Vies des hommes illustres* et les *Histoires des familles romaines* du même, dont plusieurs sont perdues ou n'ont jamais été exécutées ; parmi les perdues, on doit regretter surtout une *Histoire de Grégoire VII* en 5 livres, que le cardinal n'a pu encore découvrir. De ces histoires, le savant éditeur ne publie que les suivantes : — 11. *De Fabiorum familiâ* liber (549-564). — 12. *De Maximorum familiâ* liber (575-591). — 13. *In centum libros antiquitatum romanarum præfatio* (S. R. VIII. 653-663). — La bibliothèque vaticane possède le plan et les divisions de ce grand et bel ouvrage, que la mort ne permit pas à son auteur d'achever. Le cardinal en publie la *préface* très-docte et très-curieuse, qui n'avait été encore éditée qu'en partie, en tête des *Commentaires sur la république romaine*. Elle contient un abrégé de tous les écrivains qui avaient écrit sur Rome, et que Panvinius avait été obligé de consulter. On y voit aussi le plan de tout l'ouvrage.

PAPYRUS. 1. Traduction d'un *Papyrus* grec (C. A. IV. 442-447). — 2. Autres *égyptiens grecs*, contenant deux demandes d'un gardien du dieu *Astarté* dans le grand *Serapeum* de *Memphis* adressées au roi Ptolémée et à sa sœur Cléopâtre (V. 350-361). — 3. *Papyrus de Ravenne*, écrit en latin, et contenant un privilége impérial (362-363). —Autres *lettres* d'après un Papyrus (600-604).

PAUL, *diacre*, moine du mont Cassin au 11e siècle. — 1. *Problemata de œnigmatibus ex tomis canonicis.* (S. R. V. 144-145). L'ouvrage dont il est donné ici quelques extraits, n'avait été mentionné par aucun auteur. C'est un commentaire sur la *Genèse*. Le cardinal se contente d'en citer les passages où sont mentionnés quelques auteurs anciens. — *Homilia de sententiâ evangelicâ et de sancto Benedicto.* (S. V. VII. 256-259). Il s'agit de ce passage de l'Évangile : *Nemo accendit lucernam, etc.*

PAULIN (S.), évêque de Nole, mort en 431. — 1. *Carmen I ad Deum post conversionem et baptismum suum ;* — 2. *Carmen II ad Deum de domesticis suis calamitatibus*, avec notes. (C. A. V. 369-381).

PAULIN, évêque de Beziers, au 5e siècle. — *Sermones tres* (S. R. IV. 309-313). Dans un *Monitum*, le cardinal donne une *notice* du card. Besutius sur le manuscrit et sur les auteurs qui ont porté le nom de Paulin, depuis l'évêque de Nole, à la fin du 4e siècle, jusqu'à Paulin d'Aix, du tems de Charlemagne. On avait déjà une épître *de signis terrificis* du même auteur.

PEREGRINUS (S.), évêque. Voir *Priscillien*.

PERROTUS (Nicolas), écrivain vers la fin du 15e siècle : *Lettre sur la découverte de nouvelles fables de Phèdre* (C. A. III. 307).

PERSE, poëte latin, mort l'an 62. *Anciens fragments* (C. A. III. v-xx).

PETRARQUE (Franc.), mort en 1374. *Morceau latin* qui manquait à la fin de son *Itinerarium hierosolymitanum* (S. R. VIII. 512).

PHÈDRE, fabuliste du 1e siècle. *Fabulæ novæ* (XXXII), Neapoli, ante hos annos ex detrito codice multis cum lacunis, incertisque lectionibus, vulgatæ, nunc autem sine ullo defectu aut ambiguitate ex integerrimo codice vaticano editæ, avec une *lettre* de Nicolas *Perrotus* (C. A. III. 278-307). — 2. Fragment de *Phèdre* avec notice (307-314).

PHILON, écrivain juif du 1er siècle. —1. *De Cophini festo;* — 2. *De honorandis parentibus:* — 3. *Selectæ questiones in Exodum*, (grec et latin), avec notes (C. A. IV. 402-431).

PHILON *Carpathien*, écrivain du ... siècle. Voir *Procope*.

PHILOLAUS, philosophe vers 384 av. J.-C. Voir *Jean Philoponus.*

PHILOSTORGE, historien vers 388. Voir *Jean Damascène* et *Nicétas.*

PHOTIUS, patriarche de Constantinople, auteur du schisme des Grecs, mort en 891. — 1. Collection de 313 *questions ou discours de Photius adressés à Amphilochius*, métropolite de Cyzice, grec et latin (S. V. I. 1-215). — Photius avait recueilli sous ce titre tous les points de dogme et de morale dont il avait eu occasion de parler dans ses *lettres, notes* et *homélies.*—Je suis profondément étonné, dit à ce sujet l'éditeur, comment Photius, qui, de laïque, sans cesse occupé de soins et de devoirs séculiers, fut subitement élevé à l'épiscopat, a pu acquérir une connaissance si profonde des divines Ecritures et de la théologie la plus élevée. (*Préf.* XVIII). — Le savant éditeur cite ensuite les différents passages où Photius parle en termes très-honorables des pontifes romains : c'est le *bienheureux Damase qui confirme* (ἐπικυρῶν) *le 2e concile général, dont les décrets sont suivis par l'univers entier* (p. 304); *c'est Léon-le-Grand, qui montra plus sainte encore la sainte charge pastorale de Rome, et qui fut la colonne* (στυλὸς) *du 4e synode (id.); c'est le célèbre Vigile, qui présida le 5e synode, et qu'il appelle une* règle inflexible (κανὼν ἀπαρεγκλητος) (*ib.*), c'est Agathon, *qui, quoique non présent de corps au 6e synode, l'assembla pourtant, et en fut l'ornement par son esprit ou sa doctrine, et son zèle* (γνωμη καὶ πάσῃ σπουδῇ) (*ib.*) Il loue ensuite les pontifes *saint Grégoire, Zacharie;* enfin, parlant longuement et avec beaucoup d'*éloges de Jean VIII*, il lui donne par trois fois l'épithète de *viril* (ἀνδρεῖος) ; sur quoi le savant cardinal fait les remarques suivantes : — Ce n'est point sans motif que Photius se sert par trois fois de cette expression. Sans aucun doute il fait allusion, et il réfute par ces paroles, l'accusation d'*esprit faible*, que dès lors on portait communément contre ce pape, parce qu'il avait souffert que l'on replaçât sur le siége de Bysance Photius, si opposé au Saint-Siége, et frappé auparavant de tant d'anathèmes. C'est de là sans aucun doute qu'est née la fable de la *papesse Jeanne,* dont l'origine, objet de tant d'opinions opposées, nous paraît avoir été indiquée avec précision par Baronius (sur l'an 879, n. 5), lorsqu'il dit que ce pape n'a été dit être *une femme*, que parce que, vu la trop grande facilité et la mollesse de son esprit, et ayant perdu toute virilité, il ne sut montrer aucune constance sacerdotale, de telle manière qu'on l'appelait non point *pape* comme Nicolas I et Adrien II, mais *papesse*, mot dérisoire, pour lui reprocher de n'avoir pas même su résister à un eunuque, tel qu'on dit avoir été Photius. Il est vraiment étonnant qu'Allatius, qui a composé un *traité* particulier sur cette fable, et qui a cité quelques témoignages de Photius en faveur des pontifes romains, ait oublié ce passage sur Jean VIII, et n'y ait pas cherché l'explication de cette fable. On voit ici combien Pagi a eu tort de nier, dans ses *Critiques de Baronius*, que l'origine de cette fable remontât aux temps de Photius, et d'en fixer seulement l'origine au 13e siècle. — Il est à remarquer, en outre, qu'en parlant si longuement du même Jean VIII, Photius ne fait aucune mention de cette fameuse lettre que, quelque temps après, les Grecs produisirent, et où le pontife aurait défendu de se servir de l'expression *Filioque* ; ce qui prouve clairement qu'il n'en avait reçu aucune;

ce que d'ailleurs Baronius avait soupçonné. Le docte cardinal confirme cette supposition : 1° en ce que cette lettre ne se trouve pas dans un *recueil des lettres de Jean VIII*, du 10e siècle, qui se trouve dans les archives secrètes du Vatican; 2° dans les *lettres* 201 et 250, adressées à Photius, il n'est fait aucune mention de cette question dogmatique; bien plus, dans la 250e le pontife se plaint ouvertement des *tromperies* et *supposition de lettres* de la part des Grecs, et surtout de Photius. Voici ses paroles :

« Nous sommes vraiment surpris de
» voir qu'on ait dénaturé ou changé
» plusieurs choses que nous avions dé-
» finies, et nous ne savons quel est ce-
» lui dont le zèle ou la négligence ont
» altéré ces choses. Nous acceptons les
» différentes choses qui ont été faites
» avec miséricorde par le décret synodal
» à Constantinople en faveur de votre
» rétablissement ; mais, si par hasard
» nos légats se sont conduits dans ce
» synode contre les ordres qu'ils avaient
» reçus du Siége apostolique, nous ne
» les acceptons pas, et les jugeons d'au-
» cune valeur[1]. »

On ne peut rien voir de plus précis et de plus sage que ces paroles. Le *faux* synode de Photius a été édité d'après une copie du Vatican. Ces copies sont au nombre de cinq. Or, aucune ne contient la fameuse lettre. Où l'a-t-on donc trouvée, et comment a-t-elle été publiée ? Beveregius la publia le premier, en 1672, dans ses *Pandectæ Canonum Apostolorum et Conciliorum;* c'est de là qu'elle est passée dans diverses éditions des conciles. Elle se trouve dans le *Codex* 403 du Vatican, très-récent, et rempli d'opuscules tous composés par des schismatiques, et dans quelques autres aussi récents, et tous écrits par des schismatiques grecs. On la trouve encore dans le *Codex* 29 Vallicellianus, d'où Baronius l'avait extraite et réfutée ; elle est encore dans le *Codex Mosquensis* 324. On voit combien toutes ces sources sont suspectes. — 2.

[1] Mirandum valdè est cur multa, quæ nos statueramus, aut aliter habita aut mutata esse noscantur ; et nescimus cujus studio vel neglectu variata monstrentur. Quæ pro causâ tuæ restitutionis synodali decreto Constantinopoli misericorditer acta sunt, recipimus. Et si fortasse nostri Legati in eâdem synodo contra apostolicam præceptionem egerunt, nos non recipimus, nec judicamus alicujus existere firmitatis.

Ecrits inédits de Photius. — 1. Presque la moitié des *Questions* à Amphilochius. 2. Trois odes d'un élégant style, ayant rapport à l'empereur Basile. 3. Livre de l'Esprit-Saint ; c'est de ce livre pourtant que sont extraits les témoignages que nous avons cités de lui en faveur des papes. 4. Opuscule contre les Francs et les Latins, où il se déclare ouvertement schismatique. 5. Quelques écrits liturgiques. 6. Deux lettres à Asutius et à Zacharie, publiées ci-après n. 7 et 8. — 7. Recueil de canons, grand et utile ouvrage, que le savant cardinal se propose d'éditer. 8. Un lexique différent en quelque chose de celui édité par Hermann en Allemagne et Porson en Angleterre. 9. Plusieurs scholies sur les Évangiles. — 3. *Cinq Réponses canoniques* à Léon, archevêque de Calabre, traitant de différents points de discipline ; grec-latin (216-224). — 4. *Questions amphilochiennes ou solution de différentes difficultés faites contre les livres saints ;* en grec seulement (S. V. IX. 1-158). — Dans le n° 1, 20 de ces questions avaient été éditées. Le savant cardinal, ayant trouvé un autre manuscrit, en a publié 130 nouvelles qui forment le complément de l'ouvrage : en grec seul, mais le titre latin de chacune de ces questions est mis dans la préface. — 4. *Syntagma canonum.* — *Titre* de tous les chapitres ; en latin (S. R. VII. 77-88). Les *canons eux-mêmes* formant la 3e partie du volume ; en grec (1-480). *Index des matières ;* en latin (481-496). Avec notes dans la *préface.* — Photius avait d'abord fait une première *Collection* des canons des conciles qui avaient eu lieu jusqu'à l'époque où il écrivait, 883, et qu'il avait appelée Συναγωγῆς. C'est, à peu de chose près, celle qui a été publiée avec les scholies de Zonare et de Balsamon, dans les éditions de Paris et de Beveridge. Puis, de ce recueil il avait fait un nouveau travail dans lequel, sous 14 titres, il avait fait entrer tout ce qui avait trait aux affaires canoniques, appliquant à chaque question les canons qui y avaient rapport, en indiquant les conciles qui les avaient portées ; et c'est cette nouvelle *composition,* faite *avec ordre,* qu'il avait appelée Σύνταγμα. C'est celle que publie ici le docte cardinal, et qu'il ne faut pas confondre avec la première, comme l'ont fait Lambecius, Fabricius, Assemani et Morellius. — Enfin, un troisième travail avait été fait sur les canons, par Photius, dans lequel il avait abrégé son *Syntagma,* se contentant de renvoyer par des numéros d'ordre à chaque canon, et c'est ce qu'il avait appelé *Nomocanon,* dont il existe plusieurs éditions. — D'ailleurs, le savant cardinal fait observer que, dans la collection de Photius, publiée ici, on ne trouve pas un mot qui favorise le schisme. Les canons seuls de l'Eglise primitive y sont insérés ; c'est donc un ouvrage très-utile, et qui doit être d'un grand secours pour ceux qui s'occupent de l'histoire et de la discipline des premiers temps du christianisme. — 6. *Trois hymnes ;* en grec (S. R. IX. 739-743). — Elles sont en vers ; dans la première, c'est l'empereur Basile qui s'adresse à Dieu ; dans la deuxième, c'est l'Eglise qui parle à Basile ; enfin la troisième, imparfaite, contenait les éloges de ce Basile. — 7. *Epistola ad Zachariam, patriarcha armeniorum* (S. R. X. 449-459). — 8. *Epistola ad Asutium principem armeniorum* (460-462). — Extraites et traduites des manuscrits arméniens des PP. Méchitaristes de Venise, et abondamment annotées par le savant cardinal. — 9. *Remarques critiques* sur l'édition des *Lettres de Photius,* donnée par Montaigu (S. R. X. XXIII-XXV).

PHILOSOPHE (le) *le Jeune,* anonyme, écrivant sous Constantin, vers 345 ; *Incipit liber Junioris philosophi in quo continetur totius orbis descriptio ;* déjà en partie édité par Gothofredus, Genève, 1628, avec le texte grec, deux versions latines et notes (C. A. III. 385-415).

PHYSIOLOGUS ; *Excerpta ex antiquissimo libro physiologo.* C'est un fragment d'un livre écrit au 4e siècle de notre ère, et que le pape Gélase mit au rang des livres apocryphes en ces termes : *Liber Physiologus qui ab hæreticis conscriptus est, et beati Ambrosii nomine præsignatus.* On le croyait tout à fait perdu (C. A. VII. 588-596).

PIERRE (St), évêque d'*Alexandrie* et martyr en 311. *Actes sincères* de son *martyre* par un anonyme, en latin (S. R. III. 673-693). Cette traduction est d'Anastase le bibliothécaire. Surius et Combefis avaient déjà donné les actes de ce martyr, mais moins complets.

PIERRE, maître des officiers sous l'empereur Justinien, vers 550. — 1. Notice sur l'auteur et sur son ouvrage de *la science politique*. (S. V. II. 571-584).— 2. En outre un *Catalogue* des anciens *écrivains grecs qui ont traité de la politique*. (584-589).— 3. *Fragmens* des 4e et 5e livres de *sa science politique*, grec seul (590-609).

PIERRE *Damien* cardinal, mort en 1072. — *De Galliá profectione domni Petri Damiani et ejus ultramontano itinere* (S. V. VI. 193-210). C'est le récit fort intéressant du voyage que saint Pierre Damien fit à Rome en 1063, écrit par un compagnon de ce voyage. — 2. *Expositio Canonis missæ secundum Petrum Damiani* (211-225). C'est une précieuse explication de la messe, remplie de piété et de saine théologie, qui manquait aux œuvres du saint. — 3. *Testimonia Novi Testamenti de opusculis B. Petri Damiani* (226-244). Les œuvres de Pierre Damien contenaient déjà des témoignages extraits de l'Ancien Testament, mais non du Nouveau ; cet opuscule, qui complète le travail du saint, a été recueilli par un de ses disciples qui ne se nomme pas. La plupart sont extraits de différentes lettres. — *Sermo ad sacerdotes* (S. R. IV. 313-322).

PIERRE, *diacre*, écrivant vers l'an 1030. — *De ortu et obitu justorum Cenobii Casinensis liber* (S. V. VI. 245-280). Opuscule précieux pour l'histoire ecclésiastique par les détails qu'il donne sur la vie de plusieurs des habitants de ce célèbre monastère du mont Cassin, et par la simplicité avec laquelle il est écrit, laquelle nous offre le cachet de l'époque. — 2. *Epistolæ duæ* (260-263). L'une est adressée à l'empereur Chonrad II, et l'autre, en forme de consolation, à l'impératrice romaine Richiza.

PIERRE, évêque de Naples, vers l'an 1094. — 1. *Passion des saints Cyrus et Jean*, en latin (S. R. IV. 267-280).— 2. *Sur sainte Julienne et les quatre saints couronnés;*—3.*Fragment sur sainte Catherine martyre* (281-283). — Ce Pierre était déjà connu par d'autres écrits, dont ont fait mention Baronius, Muratorius, Bollandus et Ughelli.

PLACIDUS, le grammairien au ... siècle : *Glossæ*. Ce sont des explications de quelques mots latins (C. A. III. 416-

503), éditées de nouveau, avec correction dans le tome VI, p. 553-574. Voir *Glossæ*.

POGGE (Le) l'ancien, mort en 1460 : *Epistolæ selectæ* CIII (S. R. X. 225-371). — 1. Poggius, né en 1380, fut pendant dix ans écrivain apostolique sous Boniface IX, puis secrétaire apostolique, place qu'il remplit pendant quarante ans sous divers pontifes. Il assista au concile de Constance, en 1414, se retira à Florence, sa patrie, en 1453, avec le titre de chancelier public, et mourut en 1460, âgé de 78 ans. On comprend de quelle utilité pour l'histoire doit être sa correspondance ; aussi, l'éditeur a voulu sinon compléter, au moins augmenter le recueil de ses lettres. Il a donc choisi les plus importantes, parmi lesquelles plusieurs sont adressées au pape Nicolas V ; à l'empereur Frédéric III, à Alphonse, roi d'Aragon, et à la plupart des autres princes et grands personnages. — 2. *Oratio in funere cardinalis Juliani de Cœsarinis* (S. R. X. 373-384). Le cardinal Julien était légat du pape dans l'expédition contre les Turcs, et périt avec le roi de Pologne à la sanglante bataille de Werna. Il y a plusieurs détails importants dans cet éloge du Pogge, qui était son ami. Le cardinal y a joint de nombreuses notes historiques. — 3. *Invectio in delatores* (S. R. IX. 622-627); *Ex epistolis invectivis fragmenta* (628-651). On sait la réputation du Pogge comme écrivain satirique. Le cardinal a extrait du recueil assez copieux de ses *Invectives* tout ce qui pouvait être utile à l'histoire. Voir *Vespasien*, n° 4.

POGGE (Jean-François), secrétaire de Léon X, mort en 1522 : *De veri pastoris munere liber* (S. R. X. 372). Il n'y a qu'un fragment de cet ouvrage qui existe en entier au Vatican, et que le Pogge avait adressé à Léon X.

POLITIEN (Ange), mort en 1494 : *Traduction en vers latins* des livres II, III, IV et V de l'*Iliade d'Homère*, avec des épîtres dédicatoires à Laurent de Médicis (S. R. II. 1-100). C'est à l'âge de 18 ans que Politien, né en 1464, acheva cette traduction. Les savants, entre autres Menkenius, croyaient cette version perdue et en regrettaient la perte. Le premier livre avait déjà été traduit par Opuphrius.

POLYBE, historien grec, mort 148 ans avant J.-C. : *Trois fragments de ses Histoires*, depuis le livre 6 jusqu'au livre 39 (S. V. II. 369-464).—Il y a des choses nouvelles et curieuses dans ces extraits.

POLYCHRONIUS, écrivain grec vers 430 : *Commentaires sur Daniel* (S. V. I. 1-27). —Ce Polychronius était le frère de Théodore Mopsueste, et évêque d'Apamée. Il avait écrit des Commentaires sur tout l'Ancien-Testament. Son Commentaire sur Daniel, dont il manque le prologue et quelques morceaux du milieu, est docte et grave, et respirant une solide piété. Il se sert tantôt de la version syriaque, tantôt de l'hébraïque ; on y trouve, à l'occasion du 11e chapitre de Daniel, une bonne histoire des événements et des rois de Syrie, que les historiens des Séleucides doivent consulter. Il paraît avoir suivi surtout les histoires de Porphyre.

PORPHYRE le philosophe, mort en 305 : *Discours adressé à Marcella*, sa femme (C. A. IV. 356-401).—C'est un traité de morale. Voir *Sophronius*, n° 3.

PRISCILLIEN, hérétique, mort en 386 : *Prologus et canones ad sancti Pauli Epistolas* (S. R. IX. i-x). — Priscillianus, dont le cardinal a découvert ici le seul et unique fragment qui nous reste, est cet évêque d'Avila en Espagne, chef des Priscillianistes, qui, relégué à Trèves par l'ordre de l'empereur Maxime, y fut décapité l'an 386 de Jésus-Christ. Quelques auteurs ecclésiastiques avaient parlé de cet écrit ; mais aucun n'en avait publié un seul fragment. L'ouvrage est composé d'un *Proœmium* très-court d'un saint *Pérégrinus*, évêque, qui nous apprend que l'ouvrage est bien de Priscillien l'hérétique, et qu'il a eu soin d'en corriger les erreurs. Ces canons, au nombre de 93, sont comme le sommaire de la doctrine contenue dans les Epîtres de saint Paul.

PROBUS le grammairien dans le 2e siècle : *Grammaticus antiquissimis litteris in vaticano codice scriptus;* écrit d'un style poli et sentant le bon temps de la langue latine ; l'écrivain ne nomme aucun auteur postérieur à Pline-le-Jeune, et l'éditeur croit que c'est le grammairien *Probus* (C. A. V. 153-328 et xl-xli).

PROCLUS de Lycie, philosophe, mort en 485. — 1. Fragment de son *Commentaire sur le passage du livre X de la république*, où Platon parle de la *fable de la résurrection de l'Eros* (C. A. II. ix-xviii). On trouve, en outre, d'autres fragments inédits de Proclus *sur la conversation des âmes séparées des corps* (366-368). — 2. *Commentaire sur la dernière partie du livre X de la République de Platon;* en grec (S. R. VIII. 664-712). — Ce sont de nouveaux fragments à ajouter à ceux déjà publiés. Il y traite de plusieurs parties très-curieuses de la philosophie et de la théologie païenne.—3. *Catalogue des auteurs* qui sont cités dans un *Commentaire inédit sur le 10e livre de la république de Platon* (S. V. III. 216). — 4. Fragment d'une *Réfutation* en deux pages (C. A. IV). — Voir *Eubulus*.

PROCLUS (S.), archevêque de Constantinople, mort en 447 : *Cinq homélies : sur l'Ascension; sur la Circoncision*, en grec et en latin; *sur la Nativité, sur saint Clément, évêque d'Ancyre et martyr*, en latin, traduites du syriaque (S. R. IV. lxxvii-xcviii).—Ce Proclus, secrétaire et disciple de saint Jean Chrysostome, dont il fit rapporter le corps à Constantinople, fut son 6e successeur sur le siége de cette ville. Ce sont cinq pièces importantes à ajouter à l'édition de ses *OEuvres*, données à Rome par Vincent Ricard. Saint Clément, dont il s'agit ici, est l'évêque d'Ancyre en Galatie, martyrisé sous Dioclétien en 285.

PROCOPE de *Gaza*, ou le *Sophiste*, vers l'an 520 : *Lettres inédites*. Il existait déjà 60 lettres publiées par Alde; Mgr Mai en a trouvé 104 autres qu'il a éditées en grec seulement, parce que leur mérite consiste beaucoup plus dans la pureté et la finesse du style que dans ce qu'elles contiennent (C. A. IV. 202-275.) — Voir *Georgidius*.

PROCOPE, sophiste chrétien du 6e siècle : *Abrégé d'un choix d'exégèses sur la Genèse;* en grec. — 1. Procope nous apprend lui-même qu'il avait exécuté deux grands travaux sur la Genèse; dans le premier, il avait rassemblé sur chaque question les citations des anciens pères ecclésiastiques sans y rien changer. Dans le second, qui était un abrégé du premier, il ne faisait plus que donner une analyse du sentiment des pères. C'est ce dernier travail que publie ici Mgr Mai. Il renferme des données fort importantes, soit comme dogme, soit comme critique biblique. Procope y traite successivement, et avec beaucoup d'érudition, de la nature du monde, de la naissance de l'homme, de son libre arbitre, du péché originel, du premier homicide, du déluge, de l'accroissement et de la dispersion du genre humain. Procope vivait au 6e siècle, c'est donc la doctrine de ce siècle et des précédents qu'il nous représente; on y trouvera en outre de bonnes leçons du texte grec puisées dans les hexaples d'Origène. Nous regrettons que le savant cardinal n'ait pas traduit cet opuscule en latin (C. A. VI. 1-347). — 2. *Fragments sur le Cantique des Cantiques*. Cette explication est seulement ascétique fort inférieure au commentaire sur la Genèse; aussi il n'est pas certain qu'elle soit de Procope (348-378). — 3. *Explication sur les proverbes*. C'est une explication morale et mystique, d'après les pères, des *Proverbes* de Salomon; en grec (IX. 1-256). — 4. *Collection des commentaires de divers pères sur le Cantique des Cantiques*. Les pères, dont Procope donne des extraits, sont : un anoyme, Apollinaire, Cyrille d'Alexandrie, Didymus, Eusèbe de Césarée, Grégoire de Nysse, Isidore, Nilus, Origène, Philon carpathien, Procope de Gaza, Théodoret, Théophile (257-430).

PRUDENTIUS, évêque de Troie au 9e siècle : *Prologus ad flores psalmorum* (S. V. IX. 369-370).

R

REBAIS (Bibliothèque de Saint-Pierre de).*Incipit Breviarium codicum sancti Petri monasterii Resbacensis*. (S. R. V. 201-202). C'est le catalogue de la bibliothèque du monastère de Saint-Pierre de Rebais au diocèse de Meaux, construit au 7e siècle. Le cardinal y remarque, parmi les livres non imprimés : 1. *Textus scotticus* — 2. *Computi libri* IV. — 3. *Liber glossarius*.—4. *De arte medecinæ, libri* II. — 3. Nithardi *homiliæ* VI. — 6. Adalberti *Liber de septem plagis*. — Hadoardi *De virtutibus quatuor*.

RICHARD de Cluni, mort en 1256 : *Notitia cardinalium sanctæ romanæ Ecclesiæ* (S. R. VI. 271-272). Cette notice avait été mise par Bernard Guidon avant sa *Vie des papes*, et donne les titres des cardinaux à cette époque. Voir ce nom.

REMI d'Autun au 9e siècle : *Commentaire sur le prophète Osée* (S. V. VI. 103-123). On avait déjà ses commentaires sur les onze prophètes, dans le vol. XVIe de la *bibliothèque* de Lyon; la publication de ce commentaire complète les œuvres de ce docteur, mais malheureusement il ne s'étend pas au-delà du chapitre V.

ROBERT (le roi), mort en 1031 : *In sanctum Savinianum et ejus socios hymnus*. (S. R. IX. 98-102). Cet hymne est en prose; le cardinal doute s'il est du roi Robert, qui en a composé plusieurs autres, ou d'Odoramnus. Il y est parlé des apôtres envoyés par saint Pierre pour convertir la Gaule, *Savinien*, *Potentianus*, *Altinus*, auxquels se joignirent *Serotinus* et *Odaldus* ou *Eodaldus*, comme l'avait déjà raconté l'auteur de la *Vie des pontifes* insérée dans le t. VI, p. 6 de cette collection.

ROMAIN cardinal : *Sermo de pænitentiâ* (S. R. VI. 579-582). — Ce Romain est probablement celui qui vivait au commencement du 12e siècle. Ce discours est un précieux témoignage du sacrement de la confession et de la pénitence à cette époque.

RUFUS d'Ephèse, médecin l'an 50 de notre ère. *Fragment*. (C. A. IV. 198-200).

S

SABINUS, vivant au ..... siècle: Lettre à l'évêque Polybius, *sur la mort et les funérailles de saint Epiphane*; en grec. (S. V. VII. 178-180). On n'en avait qu'une traduction latine dans les *OEuvres de saint Epiphane*, de Petau, t. II, p. 380.

SADOLET (Jacques), cardinal évêque de Carpentras, mort en 1547. — 1. Traité *de ecclesiá christianá.* (S. R. II. 101-178). — Cet ouvrage fut composé vers 1536-1539 pendant que Sadolet était cardinal, et qu'avec huit autres membres du sacré collège il s'occupait, sous la direction de Paul III, de la réforme de l'Eglise. Ce traité est, pour ainsi dire, le résultat premier des conférences tenues à ce sujet avec ses collègues, et traite principalement de l'état de l'Eglise, de sa discipline, des abus qui existaient et des réformes à faire. Il est surtout remarquable par ce qu'il dit pour la défense du célibat. — 2. *Lettre adressée à Clément VIII sur deux passages de l'évangile de saint Jean concernant Nicodème et Madeleine.* (179-230). Il s'agit du passage du chapitre III, où le Christ dit à Nicodème : *L'esprit souffle où il veut* etc., et de celui du dernier chapitre, où il dit à Madeleine : *Ne me touche pas ; car je ne suis pas encore monté vers mon père.* Une lettre de Sadolet (179) nous apprend que ce fut Clément VIII qui à son passage à Marseille en 1533 demanda ce commentaire à l'auteur, alors évêque de Carpentras.

SALLUSTE, historien, mort l'an 35. Fragment du 3ᵉ livre de ses *histoires,* déjà connu, mais imparfaitement, de quelques savants, et dont Mgr Mai donne un *fac simile* sur trois grandes planches, plus une transcription en lettres majuscules, *enfin la comparaison* avec les éditions fautives (C. A. I. 414-425).

SANNAZAR (Actius Sincerus), poète latin, mort en 1530, *quelques vers inédits* (S. R. VIII. 505-511).

SEDULIUS *Scotus,* auteur distingué du 9ᵉ siècle. *Liber de rectoribus christianis* (S. R. VIII. 1-67). Les *recteurs chrétiens* dont il parle ici paraissent être Charlemagne et Louis son fils; l'ouvrage fut composé en 813. — 2. *Explanationes in præfationes S. Hieronymi ad Evangelia* (IX, 29-58). L'ouvrage publié ici est assez important. On y voit la preuve que le *Prologue sur les canons des Ecritures* est bien de saint Jérôme, ce dont Vallarsi paraissait douter. Quelques gloses allemandes sont insérées dans le texte, bonnes à consulter par ceux qui désirent connaître l'allemand

du 9ᵉ siècle. — 3. *Explanatiuncula de breviariorum et capitulorum canonumque differentiá* (S. V. IX. 159-181). C'est une explication de la différence qui existe entre les abrégés, les chapitres, les canons, les argumens, etc., des évangiles ; il y montre que cette division a facilité l'étude des écritures. Ses remarques n'ont rapport qu'aux trois premiers évangiles.

SERAPION, évêque de Thmuis dans le patriarchat d'Alexandrie en 340. — 1. *Lettre aux moines* ; grec et latin (S. R. IV. xlv-lxvii). St Jérôme nous parle des lettres de Sérapion. Celle qui est publiée ici est presque un volume ; elle est précieuse par la piété qui y règne, parce qu'il dit de la profession monastique et de la plupart des saints personnages qui vivaient aux temps d'Antoine et d'Athanase. — 2. *Lettre à l'évêque Eudoxe,* grec et latin (C. A. V. 362-366).

SEVERE d'*Antioche,* faux évêque de cette ville; vers l'an 513, chef de la secte des *corrupticoles* qui soutenaient que le corps de Jésus-Christ était sujet à la *corruption.* — 1. *Fragments de ses écrits contre Julien d'Halicarnasse* ; en latin (S.R.X. 169-200). Sévère fut un de ceux qui combattirent avec le plus de science ce Julien d'Halicarnasse, vers 519, chef de la secte des *incorrupticoles*, qui prétendait que le Christ n'avait pas souffert et n'était mort qu'en apparence. Le cardinal a tiré cet ouvrage d'un codex copte, avec l'aide d'un maronite, François Méhasebo. L'ouvrage est de longue haleine ; l'éditeur a traduit d'abord le commencement en entier (169-194) ; puis il s'est contenté d'extraire les passages où étaient cités des témoignages inconnus des Pères, parmi lesquels S. Cyrille et le pape Jules (194-201). — 2. *Fragmens grecs,* qui ne se trouvent pas dans la *Chaîne* des pères grecs, publiée en grec et en latin, par Junius, à Londres, 1637, et en latin, à Venise, en 1587, par Comitolus, dont le cardinal relève plusieurs erreurs (201-285). — 3. *Fragment d'une lettre* en réponse à celle de Théodose (III. 722-728). — 4. *Fragment de sa lettre à Jean* archevêque d'Alexandrie de la secte de Théodose (728-729). — 5. *Discours prononcé devant l'empereur Anastase I* qui le favorisait (729-730). — 6. *Formule de la vraie foi adressée à l'ami de Dieu, l'empereur Anastase;* que l'empereur voulut faire passer comme une loi dans l'église (731-738). Tous ces opuscules de Sévère sont remplis de l'hérésie des *monophysites* dont il fut le soutien. Les manuscrits arabes contiennent un bien plus grand nombre de fragmens de cet auteur, et sur cette erreur, qui, née au 5e siècle, est encore vivace dans l'Orient. — 7. *Fragmens de ses écrits perdus;* en grec (S. V. IX. 725-741). Les fragmens donnés ici sont extraits d'une *chaîne des Pères sur Isaïe et Ezéchiel.* — 8. *Quatre homélies* traduites du grec en syriaque et du syriaque en latin, publiées ici en latin (742-750). Le sujet de ces homélies est : une sur les *Louanges de saint Antoine,* deux sur *sainte Droside* et une sur *saint Thallelaus.* Il n'y a rien dans ces opuscules que d'orthodoxe et d'édifiant. Les homélies de Sévère étaient au nombre de 125, sur lesquelles 43 ont été perdues, et les autres existent en syriaque dans la bibliothèque du Vatican, d'où le savant cardinal espère les tirer et les publier; elles furent traduites en syriaque par Jacob d'Edesse, surnommé le traducteur, lequel mourut en 710. Il existe en outre, en syriaque, un important *ouvrage* du même Sévère *contre Julien,* évêque d'Halicarnasse, chef de la secte des *inçorrupticoles,* c'est-à-dire de ceux qui soutenaient que avant sa passion et sa mort, le corps du Christ était incorruptible; on y trouve un grand nombre de textes inédits et que Mgr Mai nous promet de publier. — 9. *Homilia de sanctâ Dei matre semperque virgine Mariâ* (S. R. X. 212). Traduite du syriaque, éloignée de ces explications symboliques ou figuratives de la Bible, mises en vogue par les écrivains protestans. — 10. *Fragment des commentaires sur saint Luc,* en grec (C. A. X. 408-457 et 470-473). — 11. *Commentaire sur le ch. II des Actes des Apôtres, la Pentecôte* (457-470). On y trouve d'excellens passages, tels que celui contre les *phantasiastes* et les *manichéens* (412. 514); celui où il reconnaît le corps et le sang du Seigneur caché sous les espèces eucharistiques (438. 439). Voir *Julien.* — 12. Extrait d'un *commentaire sur Daniel* (S. V. I. 30). — 13. *Lettre*

à Ammonius le scholastique et à l'évêque Maron (35-39).

SEVERIANUS, écrivain du ... siècle. *Homilia de pythonibus et maleficis* (S. R. X. 221-223). C'est une invective contre les fêtes qui avaient lieu aux calendes de janvier, et où les chrétiens se travestissaient en dieux du paganisme, en bêtes, etc. Voir *Georgidius.*

SIBYLLINS. *Quatre nouveaux livres* (S. V. III. 202-215). Nous n'avions jusqu'à présent dans les livres imprimés que 8 livres des Sibylles. Mais il est sûr qu'il en existait bien d'autres. Suidas nous assure que la Sibylle Chaldéenne, en avait composé 24; et Servius qu'il en existait environ 100 livres. Le savant cardinal en édite quatre nouveaux; ce sont les livres 11, 12, 13 et 14. Comme dans les livres connus, c'est un mélange de choses sacrées et profanes. Le 11e livre renferme une histoire depuis le déluge jusqu'à Jules César; le 12e s'étend depuis Auguste jusqu'à Sévère; le 13e jusqu'à Valérien et Galien; le 14e entremêlé d'acrostiches de noms de rois est très-obscur. Le savant cardinal pense que ces livres composés ou compilés dans les *premiers siècles* de l'ère chrétienne, contiennent pourtant des extraits des anciens livres sibyllins. M. Didot vient de donner une édition complète de ces livres soignée par M. Alexandre, en deux volumes, dont le premier seul a paru.

SICARD, évêque de Crémone, au tems d'Innocent III, vers 1200. *De mitrali seu tractatu de officiis ecclesiasticis* (S. R. VI. 583-598). Ce livre renferme de précieux documens sur la liturgie, et mériterait à tous égards d'être imprimé en entier; il était divisé en 9 livres, le cardinal donne d'abord le titre de tous les chapitres; puis cite quelques fragmens qui ont trait aux édifices sacrés et à la philologie ecclésiastique. Une édition complète de ce livre devait paraître à Paris par les soins de M. le comte de Lescalopier; mais elle a été suspendue par les événements de février.

SYLVESTRE I, pape mort en 335. — 1. *Sur notre Seigneur Jésus-Christ,* extrait de sa dispute avec les juifs (S. R. III. 701). — 2. Autre *fragment* du même ouvrage (S. V. VII. 134). — 3. Autre *frag.* (VIII. 26). — 4. Autre *frag.* (C. A. X. 558).

SIMON de Sienne, écrivant vers 1383. *Ode* italienne en l'honneur de la Vierge (S. R. VIII. XXIII-XXVII).

SION, patriarche des Arméniens au .˙. siècle, *canones* (S. V. X. 307-310).

SOPHRONIUS, évêque de Jérusalem, mort vers l'an 640. — 1. *Fragment sur la confession des péchés* (S. R. III. XV-XX). Avec *préface.* — 2. *Éloge des saints martyrs Cyrus et Jean, et récit de leurs miracles;* grec et latin (1-669). Sophronius, d'abord moine du monastère de Théodose, dans le désert qui environne Jérusalem, ensuite patriarche de cette ville, se distingua par une sainte vie, et par des écrits variés et solides. Peu de ces écrits avaient vu le jour; le savant cardinal en ayant trouvé un assez grand nombre dans la bibliothèque du Vatican, a fait une chose utile à l'Eglise en les publiant. La traduction donnée ici est elle-même ancienne et est due à *Boniface* le conseiller et à *Anastase* le bibliothécaire, peu polie quelquefois, peu fidèle, mais vénérable par son antiquité. — Plusieurs preuves dogmatiques ressortent du texte de saint Sophronius : 1. Sur l'Eucharistie aux pages 394 et 413; où il dit en parlant des martyrs Cyrus et Jean : « prenant Jean par la » main, ils le conduisirent au divin au- » tel, et l'y firent asseoir; ils lui offri- » rent le pain saint, devenu le corps vi- » vifiant du Christ[1]: » et p. 487. — 2. Il combat plusieurs hérétiques de son tems, les Sévériens, les Julianistes, les Théodosiens, ceux qui croyent aux destins, les païens, les blasphêmateurs et les athées. — 3. De plus il nous conserve un texte de Porphyre qui nous apprend qu'en sacrifiant, les païens avaient coutume de faire sortir un son de leurs narines, et que les adorateurs se disputaient souvent entre eux pour savoir qui en ferait sortir un plus fort (page 321). Cet ouvrage de saint Sophronius est divisé en 3 traités : *préface* (1-18). — *Panégyrique des saints Cyrus et Jean*

(18-96). — *Récit de 70 miracles* (97-669). — 4. *Homélie sur saint Jean-Baptiste* (en grec); que Harlès disait faussement avoir été éditée par Combefis (S. R. IV. 1-30). — 5. *Commentaire liturgique;* en grec, et où sont énumérés en détail et expliqués, les habits, les instrumens, les charges des prêtres, et tout l'ordre des offices sacrés; opuscule important par sa doctrine, et où l'on remarque (p. 33) le précieux témoignage suivant sur la présence réelle: « Que » personne ne s'imagine que les saints » mystères soient les figures du corps » et du sang du Christ, mais qu'il croie » que le pain et le vin offerts sont chan- » gés au corps et au sang du Christ[2]. » (31-48). — 5. *Poésies anacréontiques* (49-125). Ces poésies, au nombre de 22, sont dues aux recherches de l'abbé Matranga, pro-recteur du collége des Grecs à Rome qui parle en outre des différens codex où se trouvent ces poésies; des auteurs qui en ont parlé, des corrections qu'il a faites; il y a joint de plus un savant traité du mètre employé par Sophronius. Les vers de Sophronius sont : *elegantissima, piissima et mellitissima*, disait Léon Allatius. Remplis de belles images, ils expriment le dogme d'une manière merveilleuse au jugement de Photius. On y trouve plusieurs notions nouvelles pour l'histoire ecclésiastique; un saint évêque d'Ascalon, jusqu'ici inconnu, du nom de Narsès; de curieuses descriptions des lieux saints, de plusieurs couvens de l'Egypte, etc. — 6. Un *Triodium;* en grec (125-229). C'est un ouvrage rempli d'une grande piété, de douceur religieuse, et révélant dans son auteur un grand amour divin et beaucoup de science, sur divers sujets de l'Ecriture sainte. Il a été trouvé par le cardinal dans un codex du Vatican, où sont encore enfouis divers écrits ascétiques d'autres auteurs grecs : saint Antoine, Clément, Jean Damascène, Joseph, Léon Sergius et Théodore Studite. Les Grecs schismatiques pourront y trouver un témoignage formel de deux natures et de deux volontés (p. 168). —

---

[1] Καὶ τῆς χειρός τὸν Ἰωάννην λαβόμενοι ἐπὶ τὸ θεῖον θυσιαστήριον · καὶ τούτῳ αὐτὸν παραστήσαντες, ἄρτον αὐτῷ προσέγεμον ἅγιον ζωοποιὸν Χριστοῦ σῶμα γενόμενον (p. 413).

[2] Μηδεὶς οὖν, δοκεῖ τὰ ἀντίτυπα εἶναι τὰ ἅγια τοῦ σώματος καὶ αἵματος τοῦ Χριστοῦ, ἀλλὰ τὸν ἄρτον καὶ τὸν οἶνον πιστευέτω προσφερόμενον μεταβάλλεσθαι εἰς σῶμα καὶ αἷμα Χριστοῦ (p. 35).

7. *Deux vies des saints martyrs Cyrus et Jean;* en grec (230-248). Une traduction latine de la première a déjà été insérée dans les *Bollandistes*, au 31 janvier, mais sans nom d'auteur; la 2e était inédite. Elles avaient été traduites par Anastase le Bibliothécaire, qui y a ajouté un *prologue;* voir ce *nom.* — 8. *Panégyrique de saint Pierre et de saint Paul;* grec et latin; et — 9. *Fragment d'un typique ou hymne sacré;* en grec seulement (S. V. X. xxv-xxxii de la préface). Le savant cardinal avait donné ces deux fragmens comme un essai de l'édition qu'il préparait. — 10. *Témoignage sur le pape Jean IV, mis au nombre des orthodoxes;* extrait d'une biographie de saint Maxime; en grec (S. R. IV. 465).

SOPHRONIUS le médecin, vivant au ... siècle. *Ode sur Joseph, fils de Jacob;* en grec (S. R. IV. 643-644).

SOTHERICUS, évêque d'Antioche vers 1156. Voir *Constantinople.*

SYMMAQUE (*Qu. Aur.*), l'orateur, vers 391. *Orationes in Valentinianum seniorem;* 2. *in eumdem;* 3. *in Gratianum;* 4. *laudes in Patres conscriptos;* 5. *pro patre;* 6. *pro Trygetio;* 7. *pro Synesio, pro Severo, pro Valerio Fortunato*, avec notes historiques et critiques (S. V. I. 1-42). Avec un *index* (46).

SYMMAQUE (*Q. Fab. Memmius*), fils du précédent. Fragment d'un *discours*, complétant un passage de Baronius sur l'an 418 (S. V. I. 44-45).

T

THEMISTIUS, philosophe païen, préfet de Constantinople en 384 : 1. *Discours contre ceux qui le blâmaient pour avoir accepté une charge.* En grec et en latin, et notes. Photius comtait 36 discours de cet orateur, nous n'en avions que 33, celui-ci fait le 34e, et contient des détails curieux sur le règne de Théodose-le-Grand. — 2. *L'Exhorde de l'oraison funèbre* de son père (C. A. IV. 306-355).

TERENCE, poète latin. mort 149 ans avant J.-C. : *Fac simile* d'un très-ancien codex de ses poésies, conservé à la bibliothèque du Vatican.

TEVINUM (?) (*concile de*). *Canons*, avec la signature des évêques qui y assistaient (S. V. X. 310-311).

THEODORE *Metochitas*, mort en 1332 : 1. *De l'aspérité du langage grec dans la parole ou sous la plume de ceux qui ont été élevés en Egypte;* grec-latin (S. V. II. 684-688). — 2. Quelques suppléments et corrections (689-694 et 715).

THEODORE *Mopsuete*, hérétique, mort en 428 : 1. *Commentaires sur les 12 petits prophètes;* en grec seulement (S. V. VI. 1-278). — 2. *Extraits de différents ouvrages* faits par Léonidas; en grec seulement; mais déjà édités en latin par Canisius et Basnage (279-312). Les ouvrages de Théodore Mopsuete sont fort importants; car, si malheureusement il a été le maître de Nestorius et de Barsumas, il a fortement combattu les erreurs des Origénistes, d'Arius, d'Appollinaire, d'Eunomius, de la magie persane et de Julien l'apostat. — Dans les *commentaires* édités ici, Théodore s'attache à la lettre et à l'histoire, et s'éloigne de l'allégorie avec d'autant plus de soin qu'il avait écrit contre Origène et les allégoristes. On sait, en effet, qu'Origène s'était livré sans frein aux interprétations allégoriques, et que, par cette méthode, il avait souvent sacrifié la sainte doctrine et toute l'histoire sacrée et ouvert ainsi la porte à de monstrueuse-erreurs. C'est cependant contre ce danger qu'avait cherché à le prémunir, son glorieux père le martyr Léonidas, qui, au témoignage d'Eusèbe, avait averti son fils de ne jamais rechercher dans l'écriture que le sens direct. Théodore ne fut pas le seul à blâmer ce mode-d'interprétation; plusieurs pères s'élevèrent aussi contre la méthode suivie par Origène, et le savant cardinal promet de publier bientôt quelques-unes de ces réfutations. Eusèbe de Césarée ayant écrit une apologie de ces interprétations d'Origène, Théodore réfuta l'ouvrage d'Eusèbe, et c'est ce qui est cause qu'il fut lui-même très-réservé sur ce point. — Dans ses *Interprétations* sur les douze petits prophètes, il suit exclusivement les Septante. Quant au mérite intrinsèque des commentaires, on voit que Théodore possède bien toutes les anciennes prophéties, qu'il sait très-bien les relier ensemble, expliquer l'une par l'autre, surtout par les grands prophètes et les psaumes. Rempli de dignité dans ses prologues, d'abondance dans ses excursions, de pénétration dans ses solutions, il apporte, en outre, dans l'explication des passages difficiles, une critique libre et solide qui ne peut être qu'utile et agréable aux philologues sacrés. Il y enseigne fort clairement que l'Ancien-Testament n'a été que la préparation du Nouveau, et que toutes choses ont été coordonnées par Dieu, pour le Christ qui devait venir [1]. Sur le grand poisson dont il est parlé dans Jonas, il ne cherche pas à allégoriser ou à rejeter ce témoignage, comme le font les protestants, mais il le prend à la lettre, pieusement et sincèrement, comme l'église l'a toujours cru. — Il faut encore noter que l'ordre des douze petits prophètes n'est pas dans Théodore comme on le voit maintenant dans l'édition grecque, mais il est tel qu'on le voit dans notre Vulgate; il nous prouve aussi plusieurs fois l'absurdité de la distinction des chapitres et des versets si récemment inventée. — Quant aux défauts de ces commentaires, ils consistent principalement en ce qu'il pense que les prophéties des douze prophètes se rapportent presque toujours aux faits et aux hommes de l'Ancien-Testament, et presque jamais au Messie, excepté les passages qui y ont été appliqués par les nôtres; et c'est ce que les pères grecs et latins et les conciles ont condamné avec raison dans Théodore, méthode qui plaisait fort aux juifs; ce qui a fait croire qu'il avait reproduit leurs commentaires, et ce qui l'a fait appeler *Judaïste* (ἰουδαιόφρονα). — On peut lui reprocher aussi ce qu'il assure que les hommes de l'Ancien-Testament n'ont eu aucune connaissance de la personne du Fils ni de celle du Saint-Esprit, connaissance que certes nous ne devons pas refuser, dit Mgr Mai, au moins à quelques prophètes. — 3. *Fragment* grec

latin de son *Commentaire sur saint Jean* (S. V. I. 42). — 4. *Scholies sur l'Epître de saint Paul aux Romains;* en grec (S. R. IV. 499-573). — On y trouve un témoignage très-clair que le Saint-Esprit procède du Fils : ὅτι ἐκ τοῦ Υἱοῦ καὶ τὸ Πνεῦμα οὐκ ἀλλότριον τῆς πατρικῆς θεότητός ἐστι (p. 525). Un autre témoignage de la prédication de saint Pierre à Rome à opposer à ces protestants qui prétendent qu'il n'y est jamais venu (571).

THÉODORE, probablement *le lecteur*, au 6e siècle : Fragment sur la *Cause du schisme des Studites*, qui, d'après leur chef Théodore, se séparèrent pour quelque temps des patriarches Tarasius et Nicéphore; précieux fragment d'histoire ecclésiastique, en grec (S. R. VII. XXIX-XXXII).

THEODORE *Prodrome*, moine au 12e siècle: *Commentaire sur les canons dominicaux de saint Jean Damascène;* en grec (S. R. V. 390-396).

THEODORET, écrivain ecclésiastique, mort en 458. — Voir *Procope*.

THEODORIC *le moine*, vivant au .... siècle : *Præfatio in vitam sancti et B. Martini papæ*, avec un *adonium* sur saint Martin et un autre sur sainte Cécile (S. R. IV. 293-296).

THEODOSE, patriarche d'Alexandrie en 535 : 1. *Fragment de la lettre écrite à Sévère*, patriarche d'Antioche, lors de sa promotion au patriarchat d'Alexandrie. Ce Théodose fut l'auteur de la nouvelle secte des Théodosiens ou corrupticoles.—2. Autre *lettre* du même *au peuple d'Alexandrie* pendant son exil. — 3. Autre *lettre* du même sur *la Trinité et contre les Ariens* (S. R. III. 711-721). — Ces opuscules sont remplis des erreurs monophysites; mais on y trouve un beau passage sur la présence réelle : « Si quelqu'un dit qu'il y a pas-
» sion, mort ou corruption dans le corps
» et le précieux sang du Christ, que
» nous élevons sur l'autel lorsque nous
» en accomplissons la liturgie, en com-
» mémoration de sa mort et de sa pas-
» sion, qu'il soit anathème [2]! »

---

[1] Voir pages 1, 69, 72, 114, 115, 116, 120, 208.

[2] Si quis dixerit, in sacro corpore pretiosoque sanguine Christi, quæ super altare extollimus dum ipsorum liturgiam perficimus, mortem ejus ac passionem commemorantes, passionem, aut mortem, aut corruptionem intervenire, anathema sit. (p. 716).

THEODULE, moine nommé avant *Thomas-le-Maître*, vivant au commencement du 14e siècle : *Deux discours sur les devoirs réciproques du roi et du peuple ;* en grec seulement (S. V. III. 145-201). — Ces discours doivent être étudiés par ceux qui désirent connaître les idées politiques de l'époque. On y fait sentir l'importance de l'étude des lettres, et de l'instruction donnée à la jeunesse.

THEOPHILE, mort en 412. — Voir *Procope*.

THEOPHILE *Protospatharius*, médecin du 7e siècle : *Fragment du commentaire sur les Aphorismes d'Hippocrate* (S. R. V. xxix-xxx) à joindre à ceux de son disciple *Etienne*. — Voir ce nom.

THEOPOMPE, orateur vers l'an 356 avant J.-C. — Voir *Georgidius*.

THEORIANUS, philosophe, mort en 1173. — 1. 2e *Dispute avec Nersès, patriarche des Arméniens ;* grec-latin (S. V. VI. 314-387). On connaissait déjà une première dispute du philosophe Théorianus avec le patriarche général des Arméniens, Nersès, laquelle eut lieu en 1170, mais elle était imparfaite en plusieurs endroits. Le cardinal a non-seulement trouvé un exemplaire qui complète cette première dispute[1], mais il en a trouvé une tout à fait inconnue, même aux Grecs et aux Arméniens, et c'est celle qu'il publie ici. Voici quelle en fut l'occasion. L'empereur Manuel Comnène, non content de donner ses soins à préparer la réunion avec les Latins, voulut aussi préparer celle avec les Arméniens, et pour cela il députa, vers Nersès leur patriarche, Théorianus, homme qui, par son éloquence et sa connaissance des sciences théologiques et philosophiques, était capable plus que personne de préparer cette réunion. On savait bien que Théorianus était allé deux fois en Orient, mais on ignorait complètement ce qui s'était passé dans son second voyage. On voit maintenant que Nersès était tombé d'accord sur le dogme qui faisait le principal sujet de la dispute et sur la réunion, mais il ne voulut rien terminer sans l'avis du conseil général de la nation, et sans la présence du patriarche

des Albanais ou Géorgiens ; malheureusement il mourut en 1173, et l'affaire ne put se terminer qu'en 1177, dans le concile des Arméniens tenu à Tarses. — *Supplément à la première dispute* de Théorianus avec Nersès (410-414). Ce supplément remplit une lacune qui se trouvait dans l'édition de cette dispute donnée par Leunclavius, p. 114, et dans la *bibliotheca Patrum* de Paris, t. I, p. 466. — Voir *Nersès*.

THESAURUS *novus latinitatis, sive lexicon vetus è membranis nunc primum erutum,* composé au 12e siècle. — Dictionnaire latin, remarquable par l'abondance des mots, le nombre des exemples tirés des anciens, et la facilité des dérivations et analogies, quoique prouvant peu de connaissance du grec et des règles de la vraie étymologie. L'auteur, vivant vers le 12e siècle, paraît être Anglais ou Français ; ouvrage important pour la philologie. (C. A. VIII. 1-632). — 2. *Préface* où il est traité de l'invention et du mérite du *Thesaurus* qui entre dans ce volume. — 3. *Index* de quelques mots des idiômes modernes qui se trouvent dans ce *Thesaurus*. — 4. *Index* des auteurs cités (633-640).

THOMAS *le maître* ; voir *Théodule*.

THEUDULPHE (*terdonensis*), vivant au.... siècle ; *Oblatio libri* (S. V. VII. 176). — Voir *Claude*.

TIMOTHEE, prêtre de Jérusalem, vers le milieu du 5e siècle. — 1. *Discours sur le prophète Siméon et sur ces paroles de l'Evangile :* « Maintenant vous renvoyez votre serviteur. » *et sur sainte Marie, mère de Dieu ;* en grec (C. A. X, 585-595). — 2. Titre et fin (en grec) d'un *Dialogue entre Timothée, chrétien, et Aquila, juif,* pour prouver à celui-ci la divinité du christianisme. — L'ouvrage est très-considérable, et paraît être de l'époque de saint Cyrille, ou à peu près. Le cardinal n'en publie pour le moment que ce spécimen (S. R. IX. xii-xiii).

TIMOTHEE III, patriarche de Jérusalem, mort en 535 : *Fragment d'une homélie,* lequel complète un fragment conservé par Cosmas (S. R. III. 709-711).

---

[1] Imprimée par Leunclavius, à Basle en 1578.

TIPUCITUS, jurisconsulte, vivant au.... siècle : *Sommaire* universel de l'ouvrage de cet auteur *sur le droit*, avec un spécimen des suppléments à faire aux livres basiliciens du droit romain ; en grec (S. V. VII. 1-33). Le savant cardinal, distrait par d'autres travaux, ne donne ici que le sommaire des chapitres, mais il nous annonce qu'un autre érudit prépare une édition complète de ce livre, qui ajoutera plusieurs notions importantes à la jurisprudence romaine.

TIRON (*Tullius*), esclave, puis ami et affranchi de Cicéron, l'an 54 avant J.-C. ; orateur et inventeur de *notes tironiennes* pour écrire aussi vite que la parole. *Ancien spécimen de ces notes* (C. A. V. au frontispice).

TITUS, écrivain du 4e siècle : *Extrait* d'un *Comment.* sur Daniel (S. V. I. 30).

V

VALERIUS (*Augustin*), évêque de Vérone et cardinal, mort en 1606. — 1. *De comparandâ et tuendâ boni principis existimatione* (S. R. VIII. 71-88). — 2. *De cautâ imitatione sanctorum episcoporum* (89-117). — 3. *Quatenus fugiendi sunt honores* (118-171). — Valerius, né en 1530 et mort en 1606, fut successivement évêque de Vérone et cardinal. Il avait composé un grand nombre d'ouvrages. Ponzettus en compte 191 latins, dont 86 ont vu le jour, et 46 italiens, dont 18 sont encore manuscrits. Le cardinal professe la plus grande estime pour le mérite des écrits de Valerius, qu'il ne fait pas difficulté de comparer à tout ce que les saints Pères ont produit de plus sage et de plus estimé. Le 1er des trois opuscules publiés ici, *sur l'art de bien gouverner*, est adressé à François Marie II de la Rovère, duc d'Urbain ; le 2e, adressé au cardinal Frédéric Borromée, neveu et successeur de Charles Borromée, a pour but de lui conseiller une grande modération dans ses rapports avec les magistrats séculiers ; le 3e fut adressé au même Frédéric Borromée, et montre de combien d'écueils les honneurs ecclésiastiques sont environnés pour les chrétiens. — 4. *De occupationibus diacono cardinale dignis* (S. V. VI. 281-304). — C'est un traité fort bien fait des devoirs des cardinaux.

VALERIUS. Voir *Julius*.

VATICANE (*Bibliothèque*) : recherches sur les *manuscrits* historiques, théologiques et autres qui s'y trouvent encore *inédits*. — 1. *Préface* dans laquelle le cardinal examine assez au long les richesses encore manuscrites que la bibliothèque vaticane possède sur toutes les parties de l'histoire et de la science ecclésiastiques (S. R. VI.). Il y aurait de quoi doubler la *Bibliotheca pontifica* de Rocaberti, de quoi augmenter de plusieurs volumes la *Græcia orthodoxa* d'Allatius. On y trouve un grand nombre de documents sur toutes les églises hétérodoxes de l'Asie, sur l'origine, les accroissements et l'économie entière de la puissance pontificale. Le livre des *Census romanæ ecclesiæ* de Cincius y est entier. Sur 258 pages que contient le manuscrit, à peine 100 ont été publiées par Muratori, ou dans le Bullaire, ou par Raynaldus. Ce qui reste encore traite de l'adjonction au patrimoine de l'Eglise romaine, des provinces, villes, champs, des sommes dépensées par ses pontifes, des offrandes, du droit héréditaire ou feudal, des hommages, foi jurée, ou donations authentiques des grands ou princes. D'autres manuscrits traitent des mêmes matières depuis Jean XII jusqu'à Paul II, des principaux gestes des pontifes, d'après les livres et papiers authentiques déposés anciennement dans les archives de Latran, etc. — 2. *Catalogue de* 194 *manuscrits arabes*, écrits par des chrétiens, ou ayant quelque rapport à la religion chrétienne, qui se trouvent dans la bibliothèque du vatican (S. V. IV. 1-335). — Steph. Evod. Assemani avait commencé ce catalogue ; mais il fut interrompu par la mort, et les 80 pages qui en étaient imprimées furent brûlées, de manière qu'il n'en reste peut-être qu'un seul exemplaire. De plus bien que plusieurs personnes y eussent mis la main, il n'existait pas de catalogue complet de ces manuscrits. Le savant ~~cardinal~~ a revu tous ces catalogues, les a mis en ordre et en a composé un entier, auquel il a ajouté un *index alphabétique*.—L'utilité de ces manuscrits sera sentie pour les considérations suivanies. Dans ceux qui contiennent des *versions* de la Bible, on trouve des textes qui diffèrent souvent des polyglottes imprimées, et qui ainsi peuvent fournir de nouvelles leçons ; de plus on y trouve un grand nombre de *traductions* et *commentaires*, qui font connaître comment l'Ecriture a été interprétée en Orient. La théologie y prendra connaissance de plusieurs *conciles* des évêques orientaux jusqu'ici inconnus, à ajouter au recueil des conciles ; il y a encore un grand nombre de *missels* et livres *liturgiques*, servant tous à réfuter les erreurs des protestants, et d'une si haute antiquité, qu'on peut la faire remonter aux temps apostoliques. — Pour les *pères*, il y a la traduction de plusieurs pères grecs, et souvent de leurs ouvrages jusqu'à présent inédits ; puis un grand nombre de traités de pères et docteurs arabes, combattant les Mahométans, les Juifs, les Hérétiques.—Enfin, l'*histoire* trouvera à s'enrichir par plusieurs chroniques, catalogues de patriarches et évêques, narrations de faits particuliers, surtout histoire des hérésies orientales, vies des saints, où l'on trouve des preuves innombrables du culte, qui de tout temps leur a été rendu ; enfin plusieurs traités sur la *Trinité* et le *Verbe Dieu*. — Il y a en outre un grand nombre de manuscrits, sur les auteurs et les matières profanes, en particulier des auteurs mahométans, ayant traité toutes les parties des sciences. — 3. Manuscrits *arabes* écrits par des mahométans et où se trouvent entremêlés quelques-uns qui sont chrétiens, au nombre de 65 (630-651).—4. Manuscrits *persans*; dans ces manuscrits se trouve un très-beau *codex du pentateuque*, dont la version diffère de celle de Walton.—5. Manuscrits *turcs* au nombre de 64 (652-678). — 6. *Index alphabétique*, des auteurs et des ouvrages compris dans les manuscrits arabes chrétiens (679-697). — 7. *Index* pour les manuscrits mahométans (698-708). — 8. *Index* pour les manuscrits persans (708-711). — 9. *Index* pour les manuscrits turcs (711-713). — 10. Catalogue de 102 manuscrits *syriaques* (S. V. V. 1-82). — 11.

Appendice au catalogue des manuscrits *hébraïques* au nombre de 78, avec la notice d'un codex *samaritain* contenant des prières (83-93). - 12 Catalogue de 17 manuscrits *éthiopiens* (94-100.) — 13. Catalogue de 18 manuscrits *slaves*, avec une notice sur quelques livres *slaves imprimés* (101-111).—14. Catalogue de 22 manuscrits *indiens* (112). — 15. Catalogue de 10 manuscrits *chinois* (112 113). — 16. Catalogue de 80 manuscrits *coptes* (114-170). — 17. Catalogue de 13 manuscrits *Arméniens* et de deux *ibériens* (239-242). — 18. *Indices* alphabétiques des auteurs et des ouvrages contenus dans les manuscrits syriaques, hébraïques et coptes (243-251). — 19. *Notice sur quelques collections de droit canonique que l'on conserve à la bibliothèque du Vatican* (S. R. VI. 312-315). Voir *Canon*.— 20. Notice sur quelques manuscrits qu'il a examinés dans un voyage fait en Etrurie (S. R. X. xxxi).

VERGILIUS *Eurysaces*, vivant au..... siècle, boulanger ; *inscription* de son tombeau, découvert en 1838, à la porte Prénestine de Rome (S. V. X. XXIII).

VESPASIEN de Florence, mort vers 1493; *Vite di uomini illustri del secolo XV* (S. R. I. 1-682). — Vespasien fut un libraire de Florence, ami de la littérature, lié avec la plupart des savants de son temps, savant lui-même. Admis auprès de Nicolas V, il l'aida à former la bibliothèque vaticane. Ces vies sont au nombre de 103 ; dont 6 seulement avaient déjà été publiées. On y trouve un grand nombre de détails curieux et neufs sur l'histoire de cette époque. Celui qui voudra l'écrire à l'avenir ne pourra se dispenser de consulter ce volume du docte cardinal. Vespasien, né vers l'an 1420, vécut au moins jusqu'en 1493. Son ouvrage contient les vies des deux papes Eugène IV et Nicolas V, d'un roi, Alphonse de Naples, et des ducs Frédéric d'Urbain, d'Alexandre et de Constance Sforza ; de 16 cardinaux; 49 archevêques, évêques, prélats et religieux; et de 34 hommes de lettres ; avec sa *vie* dans la *préface*. — *Quelques sonnets* et diverses pièces de poésies italiennes ; à joindre à l'édition des anciennes poésies italiennes (S.

R. I. 683-688). — 2. *Vita della Alessandra de'Bardi* (S. R. IX. 592-616). —3. *Vita di Bartolomeo Fortini* (617-621). —4. *Lettre du Pogge*, où il est fait mention de Vespasien (621). — 5. *Liste de quelques autres vies*, composées par Vespasien, en sus de celles publiées par le cardinal (S. R. VIII).

VICTOR, vivant au ...... siècle : *Comm. sur Daniel* (S. V. I. 30).

VICTORIN, le *philosophe*, vivant sous Constance, vers 340.—1. *In epistolam Pauli ad Galatas et Philippenses Commentariorum* libri II (S. V. III. 1-86).—Victorinus, africain, enseignait à Rome la rhétorique sous Constance. Saint Jérôme, saint Augustin, lui rendent hommage. On recueille de précieux témoignages dans ces commentaires, qui étaient tout à fait inconnus. — Victorin soutient la divinité et la naissance éternelle de Jésus-Christ [1]. — Il confirme la souveraineté de Pierre dans l'Eglise, à laquelle Paul lui-même dut de soumettre ; il appelle Pierre le fondement de l'Eglise, et montre que les paroles du Christ : *Sur cette pierre, j'établirai mon Eglise*, doivent s'entendre de la personne de Pierre, et non de sa foi, comme il a plu à quelques interprètes de le dire [2]. —Il fait mention des Symmachiens, anciens hérétiquis, dont l'histoire ecclésiastique parle à peine. — Il soutient qu'il ne faut pas mettre au nombre des apôtres saint Jacques, évêque de Jérusalem, ce qui était un grand sujet de controverse, et ce qui fait qu'il faut reconnaître trois personnages de ce nom dès les temps apostoliques (10). — Il nous apprend que dès cette époque on appelait *les temps* (*tempora*) les jours de jeunes (34). — Il reconnaît qu'il se forme une parenté spirituelle entre le baptisé et la personne qui le tient sur les fonts baptismaux (37). — Il reconnaît qu'il y a une grâce que Dieu donne à l'homme contre la tentation du démon, et que cependant l'homme conserve toujours son libre arbitre (133. 153). Il exalte souvent l'excellence et le haut mérite de

la foi, et il reconnaît en même temps l'utilité des bonnes œuvres (18, 110, 111, 22, 23), etc. — Il faut observer, en outre, que Victorin, s'étant servi d'une traduction de l'Ecriture faite avant saint Jérôme, les philologues sacrés trouveront dans ses écrits une ample moisson de variantes. — 2. *In Epistolam ad Philippenses*, liber I. (51-86). — 3. *In Epistolam ad Ephesios*, libri II (87-146). — 4. *Opusculum pro religione christianâ contra philosophos physicos* (148-162). — Cet opuscule est dirigé principalement contre les philosophes qui, par des arguments physiques, combattaient la narration de Moïse et celle de l'Evangile. L'auteur y établit d'abord la création tirée du néant ; le pouvoir qu'avait Dieu d'imposer une loi à l'homme créé ; la justice de la permission de pécher à cause du libre arbitre ; puis le remède accordé à ce péché. L'auteur part de là pour parler de toute l'économie de l'incarnation du Christ, et, en particulier, dit que le Christ a pu naître d'une vierge, vivre obscur parmi les hommes, souffrir, mourir, ressusciter, et faire entrer avec lui dans le ciel l'homme qu'il avait sauvé.— Voir, en outre, dans la *préface* (XVI-XIX) quelques erreurs qui se trouvent dans ses écrits et la liste des mots barbares dont il se sert.

VICTORIN de *Marseille*, vivant au 5e siècle : *de nativitate, vitâ, passione et ressurectione Domini carmen* (C. A. V. 367).

VIRGILE, poète, mort 18 ans avant J.-C. *Picturæ ad Homerum et Virgilim pertinentes* (vol. in-fº Rome 1838). — 1. La partie qui regarde *Virgile* comprend 68 planches ayant trait aux sujets des Bucoliques, des Géorgiques et de l'Enéide. — 2. Quelques monumens anciens qui ont rapport aux poëmes de Virgile. — 3. *Fac simile* des écritures de cinq manuscrits de Virgile, un de la bibliothèque de Florence, (maintenant au Vatican), et de trois de la bibliothèque Vaticane. *Veterum interpretum in Virgilium Maronem commentariorum frag-*

---

[1] Pages 2, 6, 62, 63, 86, 87, 89, 109, 116, 123.

[2] *Post tres*, inquit, *annos Hierosolymam veni*; deinde subjungit causam, *videre Petrum*. Etenim si in Petro fundamentum Ecclesiæ positum est, ut in Evangelio dictum ; cui revelata erant omnia Paulus scivit videre se debere Petrum ; quasi eum, cui tanta auctoritas à Christo data esset, non ut ab eo aliquid disceret (p. 9).

menta. Ces commentaires, tirés d'un palimpseste de Vérone, sont précieux par leur antiquité, qui paraît précéder ceux de Servius et de Donat (C. A. VII. 249-311.—5. *Liste des interprètes et des écrivains qu'ils citent, et table des matières* (312-320).

VIRGILE Maron, grammairien. *De octo partibus orationis.* Le grammai-rien Virgile était totalement inconnu; on apprend de ses ouvrages qu'il était gaulois, de la ville de Toulouse. Mgr Mai croit qu'il a vécu sous la 1re race de nos rois, vers le 6e siècle. L'ouvrage est fort curieux (C. A. V. 1-149). Avec *indices* des auteurs qu'il a cités et de sa latinité (XIV-XXXII).

Z

ZACAGNE (l'abbé L. A.) bibliothé-caire du Vatican, mort vers 1720.— 1. *Ecclesiarum urbanarum ex Anastasio Bibliothecario et aliis antiquis monumentis magnus catalogus* (S. R. IX. 383-468). C'est avec beaucoup de peine et de soins que Zacagne avait composé le catalogue de toutes les Eglises, monastères et cimetières de la ville de Rome. L'ouvrage, resté manuscrit, n'a pas échappé aux recherches infatigables du cardinal, qui le publie à la place de celui de Panvinius sur le même sujet, resté inachevé.—2. *Vitæ aliquot pontificum* (S. R. VI. 282-299) Zacagne avait commencé une *Vie des souverains pontifes,* qu'il n'avait pu achever, étant mort au moment où il y travaillait. Le cardinal publie ces *Vies des papes,* depuis Benoît VIII jusqu'à Callixte II.

ZACHARIAS le Rhéteur, historien ecclésiastique vivant sous l'empereur Léon, vers 457. *Capita selecta* XIX *ex ejus deperditâ historiâ cum fragmento de Romæ originibus et œdificiis;* en Syriaque (S. V. X. 332-360). — 2. Le même ouvrage en latin (361-388). On ne connaît pas l'époque où a vécu Zacharie; on sait seulement qu'il fut évêque de Mélitène en Arménie, et qu'il avait écrit une *histoire ecclésiastique* dont Evagrius a conservé quelques fragmens grecs, tome II et III; il en existe aussi des fragmens en syriaque; ceux qui sont publiés ici commencent à la mort de Nestorius. — 3. Les *fragmens sur l'origine de Rome et ses édifices* sont traduits dans la *préface,* (p. 12 et 13). Dans l'énumération des édifices qui ornent la ville de Rome, on remarque :

» 24 églises des apôtres; 2 basiliques
» magnifiques, où habite l'empereur et
» où s'assemblent tous les jours les sé-
» nateurs; 80 grandes statues des dieux,
» en or; 66 d'ivoire; 46,603 maisons;
» 1,797 palais; 1,352 fontaines; 3,785
» statues d'airain, d'empereurs et d'au-
» tres chefs; 25 statues d'airain offrant
» la figure d'Abraham, de Sara, et des
» rois de la famille de David, que Ves-
» pasien avait apportées à Rome, après
» la ruine de Jérusalem, avec les portes
» et les autres monumens de cette ville;
» 31 théâtres; 2 maisons destinées aux
» accoucheuses; 4 pour les accouchées;
» 291 prisons; 254 latrines près des
» lieux destinés aux jeux publics; 37
» portes; le tour de la ville 21,636
» pieds, ce qui fait 4,000 pas, etc., etc.,
» etc. »

LISTE PAR ORDRE CHRONOLOGIQUE DE TOUS LES AUTEURS DONT MGR MAI A DÉCOUVERT DES OUVRAGES NOUVEAUX.

SIÈCLES AVANT JÉSUS-CHRIST.

9e SIÈCLE. — Homère.
5e SIÈCLE. — Andocide; Euripide.
4e SIÈCLE. — Alexandre; Aristide; Isée; Philolaus; Théopompe.
3e SIÈCLE. — Archimède; Ménandre.

2e SIÈCLE. — Gracchus; Polybe.
1er SIÈCLE. — Chroniques; Cicéron; Denys; Diodore; Laelius; Tiron; Virgile.

SIÈCLES APRÈS JÉSUS-CHRIST.

1er siècle. — Chroniques; Clément; Denys; Herennius; Hiérothée; Perse; Phèdre; Philon; Rufus; Salluste.

2e siècle. — Chroniques; Appien: Archeus; Aristoclès; Fronton; Jamblique; Juvenal; Lucius Verus; Marc-Aurèle; Probus; Sibyllins; Térence.

3e siècle. — Asclepiodotus; Chroniques; Cyprien; Denys; Dexippe; Dion; Eubulus; Eutychien; Félix; Gargilius; Grégoire; Hippolyte; Julien; Origène.

4e siècle. — Alexandre; Ambroise; Apollinaire; Ariens; Arsène; Athanase; Basile; Chroniques; Cyrille; Diadochus; Didymus; Eudoxe; Eunapius; Eusèbe; Evagrius; Grégoire; Hilaire; Jules; Julius; Libanius; Luculentius; Marc; Nicée; Oribasius; Philostorge; Philosophe; Physiologus; Pierre; Porphyre; Priscillien; Serapion; Silvestre; Symmaque; Themistius; Titus; Victorin.

5e siècle. — Ammonius; Arnobe; Augustin; Chalcédoine; Constantin; Cyrille; Ephremius; Eusèbe; Eustathe; Faustinus; Faustus; Hilaire; Innocent; Isaac; Jean Chrysostome; Jean Stylite; Jérôme; Julien, Léon; Nilus; Nonnus; saint Paulin; Paulin de Beziers; Polychronius; Proclus; saint Proclus; Théodore; Théodoret; Théophile; Timothée; Victorin; Zacharius.

6e siècle. — Anastase; Apponius; Boece; Choricius; Ephrem; Erechthius; Eulogius; Eutychius; Ferrand; Fortunat; Grégoire; Hesychius; Job; Justinien; Léontius; Martin; Pierre; Procope; Sévère; Théodore; Théodose; Timothée; Virgile.

7e siècle. — Audouin; Cassiodore; Denys; Eloi; Etienne; Gordianus; Isidore; Jean; Lucius; Methodius; Sophronius; Théophile.

8e siècle. — Aldhelmus; Benoît; Chrodogang; Chroniques; Cosmas; Germain; Grégoire; Jean Damascène; Jean, moine; Jean Philoponus; Nazaire; Nicolas.

9e siècle. — Alcuin; Anastase; Basile; Chroniques; Claude; Erembert; Florus; George; Hincmar; Jean Scot; Nicéphore; Nicolas; Photius; Prudentius; Remi; Sédulius.

10e siècle. — Abbon; Athanase; Atton; Jean diacre; Laurent.

11e siècle. — Albéric; Bonizo; Cassel; Cassin; Francon; Henri; Léon; Nicétas; Odoramnus; Paul; Pierre Damien; Pierre diacre; Pierre de Naples; Rebais; Robert.

12e siècle. — Algerus; Anselme; Cincius; Constantinople; Decorosus; Eustathe; Henri; Jean Clidas; Jean Zonare; Nersès; Nonantula; Romain; Sicard; Sothericus; Théodore; Theorianus.

13e siècle. — Boniface; Constantin; Germain; Grégoire; Innocent; Macaire; Manuel; Méthodius; Nicéphore; Nicétas; Richard.

14e siècle. — Bernardus; Ebediesu; Pétrarque; Simon; Théodore; Théodule.

15e siècle. — Andreola; Battifole; Canabutius; Cynthius; Guarini; Perrotus; Pogge; Politien; Vespasien.

16e siècle. — Adrien VI; Aleander; Bembo; Breslau; Commendoni; Donatus; Galateus; Gratianus; Henri; Léon; Massarellus; Panvinius; Pogge; Sadolet; Sannazar.

17e siècle. — Bernardin; Caciadurus; Capacius; Clément; Palavicini; Valerius.

18e siècle. — Assemani; Zacagne.

19e siècle. — Mai; Marini; Matranga.

A. BONNETTY.

Extrait des n. 28 et 29 avril et mai 1848 *de* l'Université
CATHOLIQUE.

———

L'*Université catholique* paraît tous les mois, depuis Janvier 1836,
par livraisons de 6 feuilles ou 96 pages in-8°, contenant la matière de
plus de la moitié d'un volume in-8° ordinaire.

ON SOUSCRIT A PARIS :

Au bureau de l'UNIVERSITÉ CATHOLIQUE, rue de Babylone, n. 6,
   (faubourg Saint-Germain). — Prix : 25 fr. par an.
A MONTPELLIER, chez le correspondant de l'*Université catholique*,
   rue de la Confrérie, n. 4, île du Saint-Saerement.
A ROME, chez M. le Directeur de la *Gazzetta di Roma*.
A LONDRES, chez DOLMAN, libraire, Naw-Bond street, 61.
A LIÉGE, chez SPEE-ZELIS, libraire, rue devant les Carmes, n. 44.

Les lettres et paquets doivent être adressés (franc de port) à M. BONNETTY, directeur, à
l'adresse ci-dessus.

———

DIMINUTION DE PRIX DE LA COLLECTION.

La *Collection de l'Université catholique*, formant 24 vol. grand in-8,
à double colonne, et terminée par une *Table générale* des 20 premiers
volumes, ne se vendra, *pendant l'année* 1848, au lieu de 300 fr.. que
96 fr.

On vendra donc les volumes séparément, au prix de 4 fr. le volume.
— *Les abonnés présents ou futurs jouiront seuls de cette faveur.*